ANGELA FRANCISCA ENDRESS

MINI BUDGET MAXI GARTEN

Wie du mit deinem Garten glücklich wirst, ohne dein Konto zu plündern

ANGELA FRANCISCA ENDRESS

MINI BUDGET MAXI GARTEN

Wie du mit deinem Garten glücklich wirst, ohne dein Konto zu plündern

INHALT

LIEBE FRISCHGEBACKENE GÄRTNERINNEN & GÄRTNER,

als ich zum ersten Mal vor meinem zukünftigen Grundstück stand, wusste ich, dass ich hier irgendwann mein abendliches Glas Rotwein in einem Garten unter Bäumen sitzend, die ich am unteren Grundstücksrand ausmachte, genießen würde. Immer wieder schlich ich um das Grundstück herum, um sicher zu sein, dass die Sonne es ganztägig küsst. Unter den Eichen erträumte ich mir einen Schattengarten, oben sah ich mich an sonnigen Wintertagen, windgeschützt von einer Terrassenmauer, in der Sonne tafeln. Na ja, das Haus würde ich auch irgendwie unterkriegen. Ein Freund sprach despektierlich von einem etwas größeren Straßengraben, so klein war das Stückchen Land. Ich war sehr beleidigt und kaufte die 500 m² mit seiner Hilfe. Jahre danach ist mein Sommer-Lieblingsplatz unter den Eichen und heute kann ich sogar an sonnigen Wintertagen auf der Terrasse essen!

Genaueres später. Bleiben wir zunächst romantisch, das macht mehr Spaß und hilft dir, herauszufinden, wie du deinen Garten genießen willst. Allerdings gilt auch beim Garten völlig unromantisch die Regel: »Zeit = Geld«.

Auf den folgenden Seiten findest du meine Beschreibung, wie aus dem platt gewalzten Lehmmatsch durch Bagger mit den möglichst kleinsten Kosten ein richtiger Garten entstand. Heute lasse ich den zufriedenen Blick über zauberhafte Beete schweifen. Ich habe viele verschiedene Sitzplätze, Plätze zum Grillen und mit Freunden feiern. Nachbar-Kiddies finden mit Freude und Grusel ein grasgrünes Heupferd im lila Lavendel.

Sitzplätze, Blickachsen, Flächen, Beete, Gräser, Lavendelbüsche etc. kommen leider nicht von Zauberhand in den Garten. Das heißt: selbst anpacken. Und du brauchst ein Budget. Hauptsächlich anfangs, von nix kommt halt nix. Aber Schritt für Schritt und mit Basiswissen wird Vieles einfacher und günstiger!

Je mehr Zeit du dir nimmst, den Garten in deine gewünschte Form zu bringen, desto genauer findest du raus, wie du am genüsslichsten in deinem Garten wohnst. Dein Wohn- oder Schlafzimmer räumst du schnell von rechts nach links, wenn's nicht passt. Für den Garten suchst du deine Lieblingspflanzen aus, brauchst dafür das Budget. Darauf folgt buddeln, pflanzen, abwarten, ob es passt. Das hilft Kosten sparen und kann dauern. Des Gärtners Zeiteinheiten sind Jahre.

Deshalb ist es besser, zuerst nachzuspüren, ein wenig zu planen, dann einzukaufen, zu säen und zu pflanzen. Lieber sitze ich von Anfang an mit Tee oder sonst Leckerem rum und träume. Gemacht will's eh werden. Aber der schöne Abend unter Eichen mit Glühwürmchen im kinnhohen Wildkraut ist Genuss.

Sieh's sportlich: Ist dein Gelände krumm, hat eine Kuhle oder so was, grabe mehr aus. Mach einen Senkgarten daraus. Die Kinder buddeln begeistert mit! Der tiefste Punkt bekommt irgendwie Wasser, einen Trog, eine Schale. Abschüssiges verwandeln Stufen. Die unterste Fläche kann Sitzplatz werden, mit Blick geradeaus auf blühend duftende Kräuter. Frei nach Karl Foerster, begnadeter Gärtner und Garten-Philosoph.

Ist das Gelände platt wie 'ne Flunder, brauchst du deutliche Struktur. Einen Hausbaum, an dem das Auge hängen bleibt, der Schatten, Kleinklima und Raum gibt. Eine Hecke, Sichtschutz, ein bisschen Geheimnis.

Mit dem festen Willen, Wohn- und Spielzimmer in die frische Luft zu verlängern, wirst du mit meinen Tipps Spaß haben. Ich verspreche, kein Blatt vor den Mund zu nehmen, es gibt auch Rückschläge trotz bestem Willen. Ich werde dich anfeuern, deinen Garten trotzdem mit allen Sinnen zu genießen. Selber buddeln macht zufrieden und die Kiddies müde. Erst recht, wenn's dann überraschend wächst, blüht und gedeiht. Und das kriegst du auch schon in der schlimmsten Neubauwüste mit ein paar Samentütchen und Blumenerde hin. Das kostet nicht viel, macht aber meist viel her und Spaß. Fang einfach an!

Angela Francisca

1

Den roten Faden finden

Entspannte Betrachtung deines Geländes, gepaart mit gezieltem Blick, verschafft dir den Leitfaden zum sparsamen Gärtnern. Deine Gartenträume werden mit kleinem Budget wahr, wenn du dich gleich am Anfang schlau machst. Deine Ausgangslage zu checken, erspart dir viel Zeit und Geld. Sichere deine Träume im Hinterkopf gut ab, schreibe sie auf und schau dich erst mal um, was vorhanden ist. Damit kannst du arbeiten.

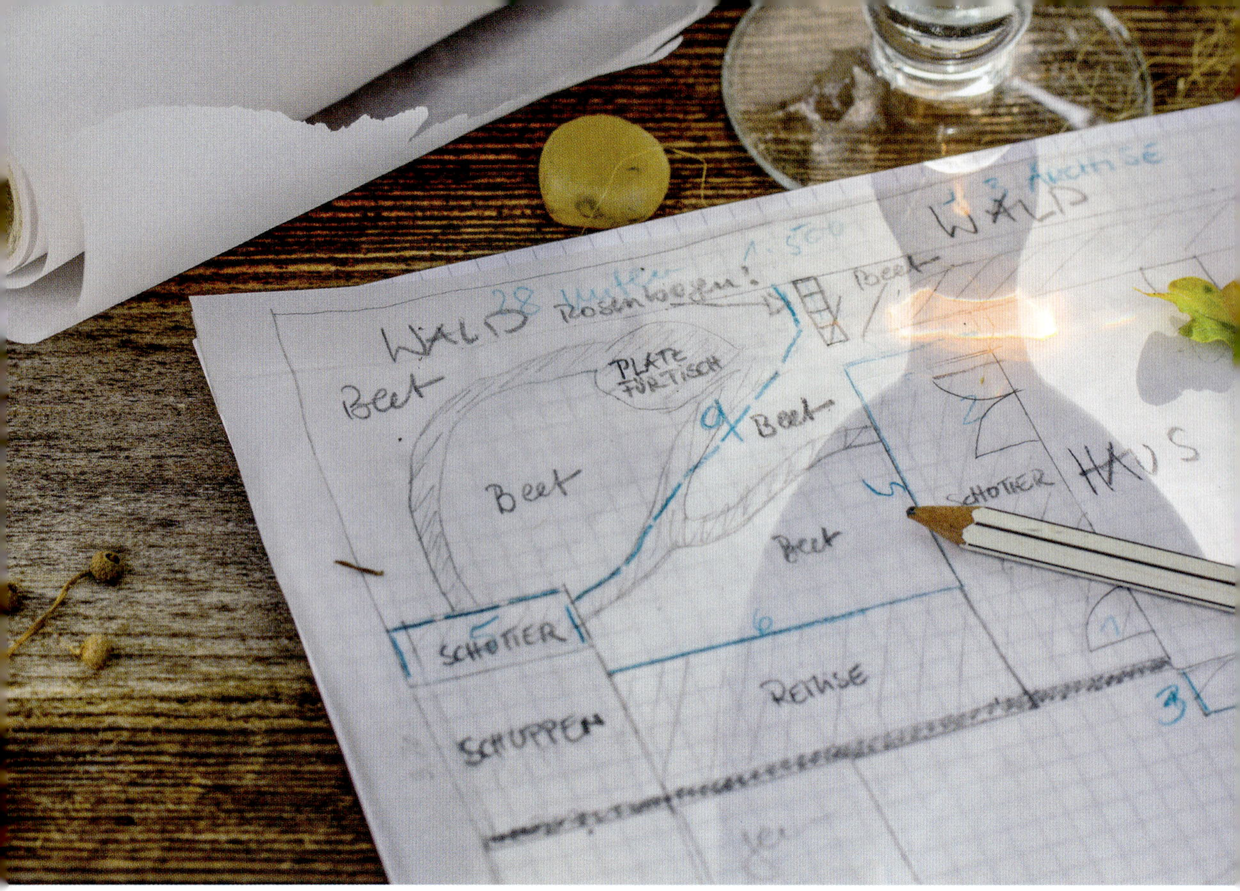

BASICS

Aller Anfang ist – leicht! Meine Basics zeigen dir den günstigeren und einfacheren Weg.

Der Weg ist nicht direkt, leider. Es wird auch mal Rückschläge geben, das darf ich dir nicht verheimlichen. Aber je mehr einzelne Punkte du dir angeeignet hast und anwendest, umso ebener wird er. Außerdem spart dir die Vorgehensweise Geld und Zeit.

Machen oder machen lassen?

Ganz schnell einen eingewachsenen, blühenden Garten ums Haus zu haben, geht: Nimm viel Geld in die Hand und dir einen erfahrenen Landschaftsgärtner. Er pflanzt dir große, vorgezogene Bäume, legt Staudenbeete und Rasenflächen an, verteilt bereits ausgewachsene Gehölze. Fertig ist die Laube. Du musst nur noch wässern, mähen und dich am Garten erfreuen. Hast du die Möglichkeit und bist ungeduldig, ergreife sie, schneller geht's nicht.

Hast du sie nicht, wirst du einige Mühen auf dich nehmen, aber genau diese lassen dich zusammen mit deinem Garten wachsen. Du erlebst ein Werden, das du geschaffen hast. Das schweißt zusammen und schenkt dir Gutes. Der bengalische Philosoph Rabindranath Tagore sagt: »Narren hasten. Kluge warten. Weise gehen in den Garten.« Das zählt von Anfang an. Zumindest was den Garten betrifft.

Grundlagen

Ohne was dafür zu tun, hast du schon ein Fundament. Verschaffe dir Detailwissen, das geht leicht. Mit dem Kompass stell den Sonnenverlauf fest. Haben die meisten Handys. Südlage ist trocken und warm. Norden kühl und kann windig und feucht sein. Nimm etwas Boden in die Hand, zerfließt er, ist er sandig. Kannst du eine feste Rolle modellieren, hast du eher Tonerde. Beschatten hohe Bäume dein Land? Pfeift der Wind durch? Erkundige dich bei den Nachbarn, ob die Winter sehr frostig sind. Ist das Gelände eben, geneigt?

All dies ist dein, nimm es bewusst als Vorteil! Auch, dass in deinem Boden Samen oder Würzelchen schlummern. Du musst gar nichts tun, die poppen sowieso nach einer Weile auf. Es sind sogenannte Zeigerpflanzen. Du kannst sie z. B. online über spezielle Apps bestimmen und daran ablesen, wie die Zusammensetzung deines Bodens beschaffen ist. Damit sparst du Speziallabors ein, die kostenpflichtig Bodenproben analysieren. Pflanzen, die dir gefallen, lässt du wachsen, alle anderen rupfst du aus, mulchst sie weg oder isst sie auf. So habe ich meinen Giersch (*Aegopodium podagraria*) das Fürchten gelehrt. Er ist bisher nicht wieder aufgetaucht. Meine Mutter predigte: Giersch im Garten heißt, du kannst ihn nur noch verkaufen. Das wollte ich nun wirklich nicht!

In einem versteckten Eckchen - minimalisitsch schön - unterm Holunderstrauch lässt es sich gut verweilen.

Ein Stückchen Rasen zum Toben, Sonnen, Lesen, Feiern - das ist das i-Tüpfelchen im Garten.

Was wächst wo?

Zu wissen, wo wächst bei dir was und wozu, ist Bares. Dieses Wissen und die meist in deiner Region vorherrschenden Witterungseinflüsse helfen dir gezielt, die Pflanzen zu finden und zu erwerben, die dir gefallen und die bei dir gesund gedeihen. Du sparst Frustrationen und Geld, um das eingegangene Grünzeug immer wieder zu ersetzen. Spionageblicke in die Nachbargärten verschärfen auch das Wissen um geeignete Pflanzen. Dort blühen sie lange in aller Pracht.

Überlege, ob deine Kinder Rasen (→ S. 50) zum Toben haben wollen, du einen Ess-, Sonnen-, Schatten-, Lese-, Feier-, Grill-, Sitzplatz (→ S. 62) möchtest. Willst du dabei nicht beobachtet werden, brauchst du auf jeden Fall einen Sichtschutz (→ S. 74).

Die Anordnung der Pflanzung – von bunten Einjährigen, Stauden, Gehölzen, Bäumen die unterschiedlich klein und groß wachsen – gibt dir unzählige Möglichkeiten, grüne, versteckte Ecken aus dem Boden wachsen zu lassen. Das geht sogar mit Gras, z.B. mit Chinaschilf (*Miscantus sinensis*), wenn es sich in deinem Boden wohlfühlt, bereits im ersten Jahr.

Genauso gut kannst du Pflanzen in Blumenkübeln ziehen, die schnell hochwachsen, z. B. hat sich bei mir dafür die einjährige Glockenrebe (*Cobaea scandens*) beliebt gemacht. Die erwerbe ich nach den Eisheiligen als Pflänzchen, topfe sie in einen großen Topf um, versehe sie mit Langzeitdünger. Mit etwas Sonne und

Gießwasser gedeiht und blüht sie beinahe ein ganzes Jahr lang zauberhaft.

Blumenkübel: mehr als Schmuck!

Mit Kübeln (→ S. 129) bist du unabhängig von deiner Bodenbeschaffenheit, dem Lichteinfluss oder z. B. bösem Schneckenfraß. Immer schon hatte ich Blumentöpfe, anfangs draußen auf dem Fensterbrett, notfalls mit Brettern vergrößert. Die konnten bis zum eigenen Grundstück mit umziehen. Mein Olivenbäumchen, meine Zitrone haben mich auf diese Weise bis hierher begleitet. Die geben auch schon auf kahlem Gelände aufgestellt, dem Auge Trost und Befriedigung und schenken Hoffnung, dass der Gartentraum bald in Erfüllung geht. Mach es zum Programm, säe und pflanze in große Töpfe oder Kübel, was dich anfangs entzückt. Langlebige Stauden wandern später gerne an die entsprechende Stelle im Garten. Passt der Boden nicht oder halten die Pflanzen Frost nicht stand, dann suche dir einen frostfreien Raum, in dem sie problemlos überwintern können.

Auch Kräuter, Obst und das eine und andere Gemüse gedeihen in Töpfen und bereichern ganz ohne Gemüsebeet deine Küche. Von den Johannisbeeren naschen, durch den Garten gehen und träumen, wie es bald aussehen wird – das ist beinahe schon berauschend.

Wichtig: gutes Werkzeug

Die nächste Spardose ist gezielt ausgesuchtes, hochwertiges Werkzeug (→ S. 91). Es macht dir Freude, damit zu arbeiten und kann ein Leben lang halten. Hast du den Schock des bezahlten Anschaffungspreises überstanden, merkst du erleichtert, dass es keine Folgekosten für neues Werkzeug geben wird.

Wo kannst du Werkzeug, Schubkarre, Rasenmäher, Kinderspielzeug unterbringen, sodass du es schnell zur Hand hast? Gibt es Platz in der Garage, liegt sie gut erreichbar zum Garten, gibt es beim Hausausgang zum Garten hin eine Kammer dafür? Möchtest du alles lieber

Graublättrige Goldrand-Funkie und Japanisches Berggras werden im Kübel selten von Schnecken belästigt.

Der einfache Sichtschutz aus Dachlatten ist gleichzeitig Rankgerüst für den Wilden Wein.

direkt im Garten in einem Schuppen oder einem extra Gartenhäuschen unterbringen und immer schnell vor Ort greifbar haben? Es ist wichtig, dass du dir diese Fragen stellst, denn aus den Antworten ergeben sich eventuell noch Umbauten oder neue Anbauten. Werkzeug und andere Gartengeräte müssen trocken gelagert werden, sonst ist auch hochwertiges Material irgendwann nicht mehr zu retten.

Mit der Beantwortung dieser Fragen sehe ich außerdem, wann ich was schaffen kann und will. Das erlaubt mir, relativ zügig zu buddeln, mulchen, pflanzen, schneiden, düngen oder zu säen. Im Voraus kann ich mir Hilfe reservieren, sollte ich die brauchen. Erde, Splitt, Platten, Dachlatten, was auch immer, für die Projekte besorgen. So habe ich sogar die Möglichkeit, die Preise zu vergleichen und unter Umständen frühzeitig extragünstiges Material zu ergattern.

Und dann ist da ja noch die Zeit, die ich später mal für den Garten investieren möchte. Ich gründle in meinem Kopf, was ich überhaupt im Garten anstellen will. Und komme zu dem Schluss: Im Frühjahr, Sommer und Herbst sollte er mit ungefähr 10–15 Stunden in der Woche in Ordnung gehalten werden. Gießen im Sommer kommt dazu. Aber so wenig wie möglich. Da ploppt auch gleich noch die Sache mit dem Klimawandel auf: Welche Pflanzen sind besonders gut gewappnet für Hitze, Trockenheit, Starkregen? Im Winter will ich aber meine Gartenruhe und nur genüsslich planen.

Überraschungen sind garantiert

Unverhofft kommt auch im Garten oft. Und das kann angenehm oder blöd sein: Die Hecke

VORAUSSCHAUEN

IST EIN ZAUBERWORT!

Ich habe etwas gelernt: »Nimm dir nicht zu viel vor.« Das hat mir mein Nachbar verraten, der bereits mit dem Feierabendbier am Zaun stand, während ich immer noch mühevoll am Buddeln war. Gute Idee! Dafür plant er längerfristig. Kann ich auch! So überlege ich inzwischen im ruhigen Gartenwinter alles, was ich machen will und sollte. Wäge ab, ob ich das alles wirklich machen will. Was dabei übrig bleibt, schreibe ich mir schließlich auf.

- → *Ich halte fest, wann ich was am sinnvollsten angehe, das heißt im Frühling, im Sommer oder im Herbst.*
- → *Seit meinem ersten Gartenjahr notiere ich alles detailliert in mein Gartentagebuch (S. 102), mache Skizzen und schreibe auf, was ich eben in welchem Monat gemacht habe, wie viel Zeit ich dafür ungefähr gebraucht habe. Das gibt mir für die weiteren Jahre eine immer bessere Planungsgrundlage.*
- → *Ich schätze jeweils die benötigte Zeitspanne ein, plane z.B. die Zutaten, Werkzeuge, die zu organisieren, aufzutreiben, zu bestellen, zu kaufen sind.*
- → *Ich trage die Arbeiten mitsamt der benötigten Zeitspanne vorausschauend in meinen alltäglichen Jahres-Terminkalender ein.*
- → *Und dann tue ich es, meistens ... Der Garten lebt halt, ich auch. Glücklicherweise!*

wächst zehnmal schneller als gedacht. Pflanzen mickern, brauchen neue Erde, Dünger. Trockenheit zwingt zum zeitaufwendigen Wässern, zu früh Verblühtes will abgeschnitten werden. Überraschungen gibt's immer. Habe ich üppig Zeit eingeplant, gelingt es mir mal mehr, mal weniger gut, mit meiner Vorplanung den Garten zu genießen. Auch gemeinsam mit den Nachbarn, der Familie, Freunden und dem Feierabendbier.

Checkliste

Was will ich	Was habe ich	Was brauche ich: Werkzeug, Material, Handwerker
Einen trockenen Weg vom Haus zum Schuppen	Erdfläche, vom Bagger geglättet	Grabegabel, Spaten, Schubkarre, etwas Schotter, Grassamen, Betonplatten, Gummihammer, Wasserwaage
Beete anlegen	Erdfläche, vom Bagger geglättet	Grabegabel, Spaten, Schubkarre, Wasserschlauch oder Schnur
Beetränder befestigen	Fertig geplante Wege und Beete	Kleiner Handspaten, z. B. Feldsteine, alte Dachziegel, alte Ziegel, leere Flaschen
Rasen zum Fußball spielen, Trampolin, Spielgeräte	Planierte Erdfläche	Harke, geeignete Grassamenmischung oder Rollrasen, Wasser
Rasen zum Fußball spielen, Trampolin, Spielgeräte	Alten verwachsenen Rasen, Wiese	Einen kräftigen Rasenmäher mit Grasfangkorb
Sichtschutz, etwas durchsichtig, mobil	Sitzplatz, von draußen gut einsehbar	Große Blumentöpfe, Kübel, Blumenerde, Langzeitdünger, Gießkanne, einjährige Kletterpflanzen wie Glockenrebe, Feuerbohne, Prachtwinde, Mondwinde, Schneckenbohne, Rankhilfen aus Bambus oder Haselnussstecken, Rankgitter aus Baustahlmatten, Befestigungsklammern oder Kordel
Sichtschutz, dicht, für ca. 2 Jahre, quasi den Anfang	Sitzplatz, von draußen gut einsehbar	10 × 10 cm Kanthölzer, Pfostenschuhe, Beton, Schubkarre, Betonkübel oder Eimer, Wasser, Maurerkelle, Grabegabel, Spaten, Stahlseil, Spannschlösser, Kauschen, Bügelformklemmen, Ösen, Haken, Duschvorhang mit Metallösen
Sichtschutz, dicht, hoch, für immer	Sitzplatz, von draußen gut einsehbar	10 × 10 cm Kanthölzer, Pfostenschuhe, Beton, Schubkarre, Betonkübel oder Eimer, Wasser, Maurerkelle, Grabegabel, Spaten, Verbindung der Kanthölzer mit Stahlrohr, Metallbauer, ausreichende Anzahl geeigneter Holzschrauben, Akkuschrauber, geladener Akku, oder davon mehrere, Holzgerüst aus Dachlatten, Dachlatten zum Aufbringen, Kletterpflanze, z. B. Wilder Wein oder Pfeifenwinde, Pflanzerde
Garten mit Staudenbeeten, Gehölzen, Rasen und Bäumen	Einen eingewachsenen Garten mit ehemaligen Staudenbeeten, Wiese, alten Bäumen	Zeit und genaue Überlegungen: Müssen Bäume wirklich gefällt werden? Reicht ein Schnitt, können Gehölze nach Schnitt bleiben? Wo sollen Wege, Sitzplatz, Rasenfläche, hin? Kann der baufällige Schuppen restauriert werden?
Kleine Wasserstelle, ein Vogelbad	Fertig geplante Beete und Wege	Alte Viehtränke, flache Schale, Grabegabel, Spaten, Schubkarre
Sitzplatz zum Essen, gesplittet	Erdfläche, vom Bagger geglättet	Grabegabel, Spaten, Schubkarre, einen Platz für den Aushub, Splitt in ausreichender Menge und Körnung

Wann will ich's haben	Was muss ich tun	Aufwand & Kosten
bald	*Ausprobieren, wo es sich am besten läuft, probehalber Holzbretter verlegen, Weg festlegen, Erde ca. 5 cm ausheben, etwas Schotter auf die ganze zukünftige Wegfläche streuen, Platten verlegen, Aushub um die Platten füllen, mit Grassamen einsäen (S. 22)*	€
bald	*Wenn die Wege geplant sind, mit einem Wegrand anfangen, daran den Wasserschlauch entlang legen, so wie ein Beet begrenzt sein soll. Auf der Beetseite probehalber umgraben und anschauen, ob sich das Beet dort gut macht. Dann bei den anderen Beetseiten ebenso verfahren. Anschließend kann ganz umgegraben oder gemulcht werden. Mit Mulch dauert es länger, aber das Umgraben wird eingespart*	€
bald	*Feldsteine, Dachziegel, Ziegel, Flaschen sammeln und an den Beeträndern eingraben (S. 34)*	€
bald, benutzbar nach Schonzeit	*Erde vorbereiten, Einsäen (S. 51) oder Rollrasen bestellen, verlegen, wässern*	€–€€
bald, benutzbar nach ca. 2–3 Mahden	*Nur immer wieder den alten Rasen oder die Wiese mähen (S. 56)*	€
im Sommer	*Nach den Eisheiligen, ca. ab 15. Mai, die Töpfe und Kübel mit Erde befüllen, vorgezogene Pflänzchen einpflanzen, Langzeitdünger dazugeben, immer gießen (S. 134)*	€€
schnell	*Pro Pfosten Loch ausheben, ca. 25 × 25 cm, 60 cm tief, sodass der Dorn vom Schuh ganz hineinpasst, einbetonieren, aushärten lassen, Stahlseil durch Ösen des Duschvorhangs fädeln und spannen (S. 74)*	€€€
bald und immer dichter werdend	*Pro Pfosten Loch ausheben, ca. 25 × 25 cm, 60 cm tief, sodass der Dorn vom Schuh ganz hineinpasst, einbetonieren, aushärten lassen, die Pfosten mit einem Vierkantstahlrohr verbinden lassen, das sollte ein Stahlbauer machen, daran ein Grüst für die Dachlatten anschrauben, darauf die Dachlatten schrauben, Loch für die Pflanze ausheben, mit Pflanzerde füllen, Rankpflanze hineinsetzen, angießen und immer wieder gießen (S. 77)*	€€€€
nach und nach, hab ja schon vieles	*Zeit nehmen und genau überlegen: Was kann ich behalten und spart mir immense Neuanschaffungskosten, z. B. ein alter Baum, der Schatten wirft, wie groß er ist oder wird. Was ist mir am wichtigsten, da fange ich Schritt für Schritt an*	€€
schnell	*Passendes Loch ausheben, wo die Tränke hin soll und einpassen, oder flache Schale mit fester Schnur im Baum befestigen (S. 71)*	€
bald	*Splitt aussuchen, bestellen, Fläche ausheben, schottern, befestigen (S. 71)*	€–€

2

Wege & Treppen

Die Kurve kratzen, den Garten begehbar machen. Meine ersten Ziele im Garten sind die Wege. Die kleine, eigene Infrastruktur. Lehmstrotzende Schuhe oder auch nur immer wieder Nässe nach dem Küchenkräuter holen ist schlicht unschön und macht Mühe. Elegant ist anders.

WEGE, TREPPEN, HÄNGE

Der Weg ist das Ziel! Gilt auch für den Garten.

An den Wegeverlauf taste dich ran. Als gerader Typ ziehst du auf dem Gartenplan mit dem Lineal eine Linie vom Grundstückseingang zur Haustür. Aber du willst natürlich auch vom Haus aus zur Schuppentür, zur Werkstatt, zum Kräuter- und Gemüsebeet, zum Schattensitzplatz, zum Wasserhahn.

Romantische Seelen legen ein paar Kurven hinein. Da kommt wieder der Gartenschlauch ins Spiel, den ich vor Ort in Form legen und immer wieder ganz einfach verschieben kann. Damit meine Schuhe verschont bleiben, platziere ich Bretter im Wegeverlauf. Die lassen sich ebenso leicht verändern. Bin ich nach vielen Probegängen bei jedem Wetter sicher, wo es wirklich her gehen soll, kratze ich mit einem Handspaten am Schlauch entlang die Kurven in den Boden.

Wegbelag

Beim Probelaufen richte deine Gedanken nach unten. Auf welchem Material möchtest du schreiten? Der Möglichkeiten sind viele, das macht es ein wenig schwer. Leitfaden können hier auch wieder die Kosten, der Aufwand, die Langlebigkeit sein. Nützlich sind Materialien, die optisch zum Haus passen und sich ähneln oder wiederholen. Sie verschwinden eher in der Natur des Gartens als ein Materialmix.

Mein Ziegeldach ist dunkelgrau, das passt wunderbar zu Basaltsplitt und Beton. Beides sind die Materialien geworden, die ich bei den Wegen überall unterschiedlich verlegt oder verwendet habe. Pfade im Beet, auch eine Treppe, entstanden mit Feldsteinen.

Betonplatten konnte ich bequem »auf Raten kaufen«. Hatte ich Zeit und Geld wieder einen Weg zu befestigen, brauchte ich keine großen Lieferungen. Der Kombi und ich beförderten die Kontingente nach und nach heim. Splitt ließ ich mir entweder auf's Grundstück schütten oder in Riesensäcken liefern.

Langlebigkeit und Pflege

Langlebigkeit und einfache Pflege schonen den Geldbeutel. Bedacht habe ich bei meiner Wahl, dass Betonplatten dauerhaft haltbar, gut in Schuss zu halten und zu fegen sind. 30 × 30 cm kombiniert mit 40 × 40 cm großen Betonplatten (Baumarkt) kann ich gut selbst heben. Mit drumherum angeschüttetem Basaltsplitt, (16–32 mm), und darauf gesätem Schattenrasen, ergibt diese Kombination eine vorzeigbare, leicht zu pflegende, langlebige, optisch freundliche Weggestaltung.

Manchmal setzen die Betonplatten in schattigen Bereichen Moos an oder schwarze Flechten. Denen komme ich mit Natron und Wasser gut bei. Bei der Mischart mit Rasen habe ich die

Nach vier Jahren fügt sich der Plattenweg harmonisch in die Beete mit Einjährigen, Stauden und Rosen ein.

1. Erde ausschachten und Betonplatten verlegen. Im Schrittmaß von 60–65 cm oder auf die eigene Schrittlänge abgestimmt.

---

2. Splitt um die Betonplatten auffüllen. An die Wegränder alte Dachziegeln legen.

---

3. Bis über die Platten Kies auffüllen und mit einer Harke sorgfältig glattrechen.

---

4. Mit einem Besen den Splitt von den Platten fegen.

Rasenmäherbreite beim Verlegen mit eingerechnet. Hier verwende ich kein Natron.

Um meinen etwas steilen Hang mit Fahrrädern, der Schubkarre oder auch hin und wieder der Sackkarre begehen zu können, habe ich dort in den aufgeschütteten Mutterboden Platten eingearbeitet und anschließend die ganze Fläche eingesät.

Oberflächen und Auflagen

Alles so schön bunt hier! Bis heute bin ich mit meiner Entscheidung zufrieden, war anfangs aber von der Vielzahl der Möglichkeiten überwältigt. Eine gute Wahl sind dauerhafte Materialien, denn einmal verlegt, entstehen keine Erneuerungskosten. Naturstein, erst mal hochpreisig, hält am meisten aus, verträgt Moos und ähnliches Zeug gut, weil Patina dazu gehört. Erspart Pflegemittel und Arbeit. Die Anschaffung lohnt, denn es sind einmalige Kosten.

Beton ist im Vergleich günstiger, braucht aber mehr Pflege in schattigen Bereichen. Wegebelag oder Böschungsabstützungen sind immer mit der Erde vermählt, was das Material Holz bereits kurzlebiger, und damit wieder teurer macht. Es ist in absehbarer Zeit zu ersetzen, selbst haltbare Sorten.

Rindenmulch oder Holzhackschnitzel

Mulchauflagen sind schnell hingeschüttet, aber beinahe jedes Jahr wieder aufzufüllen. Mulch passt unter Hecken und Sträucher, teilweise auch ins Staudenbeet. Es fallen Kosten bei jeder Nachfüllung an. Amseln schleudern wie Hühner das Material gerne durch die Gegend, deshalb ist eine Beetumrandung gut.

GEHT DOCH!

Im Laufe der Zeit ergeben sich immer wieder neue Ideen, die Gewohntes noch verbessern. In einem Weg am Hang war eine Treppenstufe integriert. Für die Schubkarre und mich recht mühsam. Also verlängerte ich den Weg und verlegte Platten in den Rasen, die ich bereits obendrauf gelegt hatte. Das ging leicht und ganz schnell.

Splitt, Schotter, Kies

Hochherrschaftlich kommt Schotter daher, ist bequem zu laufen und preisgünstig. Die Körnung 5–8 mm wird schneller eins mit der Umgebung als die Körnung 16–32 mm. Eine gröbere Körnung bei Kies oder Ziersplitt wirkt kräftiger und fällt mehr auf, ist aber nicht so gut zu begehen. Splitt ist schnell ausgebracht und geglättet. Kies geht auch, ist ähnlich im Preis und was die Verarbeitung angeht. Der Unterschied beim Begehen ist, dass Kies immer ein wenig unter dem Fuß nachgibt, weil er aus abgerundeten Steinen besteht, die sich nicht ineinander verkeilen. Das passiert dagegen bei Splitt oder Schotter nicht. Die gebrochenen Einzelsteinchen verfestigen sich ineinander. Beides gibt es in verschiedenen Farben.

AUFGELOCKERT

Um die langweilige graue, glatte Fläche aufzulockern, war meine Idee und Aufgabe, Kieselsteine zu kaufen. Und auch, überraschenderweise, anzugeben, wohin sie in den noch flüssigen Beton geworfen werden sollten. Das war das Schwierigste; starke, gestandene Männer weigerten sich, sie eigenverantwortlich gestalterisch zu verteilen. Aber gemeinsam waren wir stark!

Mit der Zeit kommt Wildwuchs durch, dem ich mit einem kleinen Wunderwerkzeug zweimal im Jahr den Garaus mache. Damit bleibt die Fläche komplett unversiegelt und lässt Regenwasser ungehindert durch. Den herbstlichen Blätterschwall lasse ich etwas trocknen und begegne ihm zuerst mit einem prima Laubrechen und dann mit einem kleinen Laubpuster.

Rasenwege

Ich hatte aus Kostengründen mal angedacht, Rasen einzusäen, aber dann verworfen. Regen und Tau machen die Wege fußnass. Bei ständiger Benutzung verschwindet der Rasen und es ergeben sich kahle Trampelpfade. Sie sind brauchbar und schön für große Parks, Wege, Pfade, die nicht oft begangen werden.

Durchgehendes Pflaster

Wo es immer adrett aussehen soll, da habe ich mich für durchgehendes Pflaster entschieden. Es ist mein kostbarstes Stück Weg und konnte nicht von mir selbst angelegt werden. Lange war es mit Schotter aufgefüllt und echt ziemlich hässlich. So habe ich damit einen erfahrenen Maurermeister beauftragt, und auch hier wieder das gleiche Material, Betonplatten, verwenden lassen.

Weg aus Lieferbeton

Den Hauptweg vom Grundstückseingang zur Haustür hat mir dieser wunderbare Profi-Maurer auch angefertigt. Hier musste eine Verschalung gebaut, eine starke Armierung mit Baustahlmatten hergestellt und mit Transportbeton gefüllt und geglättet werden.

1. Für den Hauptweg vom Grundstückseingang bis zur Haustür wird zunächst die auszugießende Fläche eingeschalt.

2. Flüssiger Lieferbeton wird ausgegossen und verteilt.

3. Nach dem Glätten des Lieferbetons werfen wir gezielt Flusskiesel hinein.

4. Das Ergebnis kann sich sehen lassen.

Feldsteine wurden hier verlegt, wie es gerade passte. Thymian lässt alles natürlich erscheinen.

Hänge und Hanglagen

Hügeliges Gelände braucht Treppen. Ist dein Grundstück platt wie eine Flunder, preise deinen Schöpfer, du hast jegliche Treppe oder sonstige Anstrengungen gespart, Höhenunterschiede begehbar zu machen.

Hügelchen, Gefälle, Abhänge wollen abgefangen und gezähmt werden, um sie bequem zu überwinden. Ist ein Senkgarten dein Traum vom Glück, brauchst du auch Stufen.

Am schönsten, haltbarsten und günstigsten sind wieder mal Feldsteine. Dafür suche Steine aus, die eine glatte Seite aufweisen und so als Trittfläche dienen können.

Für meine verwunschene Treppe grabe ich mithilfe eines kleinen Handspatens entsprechend ihrer Form ein Loch in die Erde, gebe ein paar Handvoll Schotter hinein und drücke und rüttele so lange, bis sich der Stein bequem in die Bodenöffnung schmiegt. Ich trete oder hüpfe ein paar mal fest auf jeden Stein und verfestige so mit meinem Körpergewicht diese Konstruktion. Drum herum habe ich ein paar kleine Pflänzchen Thymian gesetzt, die sich gut ausbreiten. Die sind sogar ein wenig trittfest und duften bei jeder Berührung.

Steiler Hang

Steilere Hänge brauchen Größeres. Im Vergleich zu einer Betontreppe – ob aus Einzelstufen oder im Ganzen gegossen – ist eine vorgefertigte Stahltreppe richtig günstig. Es gibt sie mit unterschiedlicher Anzahl an Stufen, sie wird ins vorhandene Gelände oder die Gebäudegegebenheiten eingepasst. Im Vergleich zu einer Treppe aus Betonstufen ist das eine wesentlich einfachere Lösung. Noch dazu muss sie nie gefegt werden, alles fällt sowieso durch die Stufen und räumt sich somit von selbst auf.

Sind die Seiten im Gelände abzufangen, bieten sich Betonfertigteile zusammen mit Betonstufen an. Das gefällt mir gut, ist aber doch eine recht aufwendige Angelegenheit. Die Betonwangen der Treppe bestehen aus vorgefertigten L-Elementen, die mit Spezialwerkzeug an ihren Platz gehieft und später mit Erde hinterfüttert werden müssen.

Sehr elegant, aber am teuersten, sind auf persönliche Verhältnisse zugeschnittene, im Ganzen gegossene Betontreppen. Sie müssen aufwendig armiert werden und können nur als Einzelteile hergestellt werden.

1. Passt zum Haus und ist funktional: eine verzinkte Stahltreppe.

2. Die Betontreppe wird an ihrer zukünftigen Stelle abgelassen.

3. Die Treppen fügen sich harmonisch ein.

3

Beete planen & anlegen

Auf deinen Wegen durch den Garten wandelst du bereits. Aber: Über welche Beete soll dein Auge schweifen? Welche blühenden Schätze möchtest du dort wachsen und gedeihen sehen? Willst du in Küchennähe Kräuter und Gemüse ernten? Eine gute Gelegenheit für eine Gartensitzung. Von Nicole de Vésian, französische Designerin und Gartengestalterin, übernahm ich den Rat, gemütlich im Garten sitzend zu planen.

Kräuter und mediterrane Stauden brauchen einen durchlässigen Boden.

STANDORT UND BODEN

Alles, was sich im Beet tummeln soll, hat eigene Wünsche. Mit den Basics findest du heraus, welche das sind.

Am sparsamsten kommst du weg, wenn du deinen Boden kennst und weißt, welches Beet hauptsächlich im Schatten, im Halbschatten, in knalliger Sonne liegt. Die Kandidaten, die du pflanzt, gedeihen am besten, wenn sie ihre Wünsche erfüllt bekommen. Diese vitalen Bedürfnisse sind kein Geheimnis. Jede gute Gärtnerei berät dich dazu. Oft erzählen die Schildchen im Pflanzentopf bereits davon. Halte dich daran! Vorzügliche Online-Gärtnereien (siehe Anhang → S. 150) haben gute Beschreibungen und Geschichten zu ihren Pflanzen. So kannst du schmökern und ziemlich sicher gehen, dass du Verluste minimierst.

Praktische Erfahrung

Mit einem Fragenkatalog zu Pflanzen, die ich zwingend in meinem Garten haben wollte, war ich in eine meiner Traumgärtnereien gereist: in die Staudengärtnerei von Karl Foerster in Potsdam. Mindestens eine Stunde lang löcherte ich einen Gärtner ununterbrochen zu den Pflanzen. Geduldig beantwortete er mir alle Fragen. Nach der letzten Antwort schaute er mich freundlich an, zuckte kaum vernehmlich mit den Schultern und sprach: »Ach wissen Sie, vor Ort ist dann doch meistens alles anders!« Sehr weise, nicht entmutigend.

Ich erwarb einige Kandidaten, unter diesen einen Knöterich (*Persicaria chinensis*). Ein beim Kauf winziges Pflänzchen mit fünf entzückenden rotbraunen, herzförmigen Blättchen, von Beruf »Bodendecker«. Dies und sein Name 'Red Dragon' hätten mich warnen sollen. Der Gärtner meinte, es bliebe so zierlich. Wohlgemut versenkte ich es zwischen Polster-Glockenblumen und Gold-Majoran an der von mir ausgewählten Stelle. Volltreffer! Exakt die Stelle war's. Binnen der nächsten Wochen verzehnfachte sich das sorgfältig gepflegte Kraut. Mit exponetiellem Wachstum bedrohte es Glockenblumen, Majoran und weitere Nachbarn. Einhalt konnte ich ihm nur gebieten, indem ich ihm einen anderen Platz zuwies. Weniger sonnig, was er eigentlich liebt. Trockener, was er nicht so mag. Aber so konnten wir zusammenbleiben. Jetzt bedeckt er manierlich einen neuen Platz in einem anderen Beet und macht mir große Freude.

Gartengeschichten gehen so herum und ebenso anders. Das Pflänzchen mag die Stelle nicht, kümmert, lässt alles hängen und ist irgendwann nicht mehr zu retten. Egal, wie sehr es erwünscht, verhätschelt und getätschelt ist. Das Geld dafür ist weg, traurig ist es auch. Aus diesem Grund hilft es dir, deine Lieblinge schon mal zu kennen. Dein Angebot im Garten zu checken und dann in einer Staudengärtnerei zuzuschlagen. Dabei sparst du auch noch und alles wächst und gedeiht erfolgreicher.

Niedrig wachsende Knöteriche bilden schnell dichte Teppiche und halten bedingt auch Trockenheit aus.

Alte Dachpfannen schön umrahmt von Kaskaden-Thymian.

BEETEINFASSUNGEN

Welche Beeteinfassungen gefallen dir und sind kostenlos oder leicht bezahlbar? Du hast die Wahl.

Wenn du magst, beginne mit dem Pflanzen. Beeteinfassungen lassen sich auch später noch legen. Du kannst es aber genauso gut anders herum machen.

Ziegelsteine und **Dachziegel** bieten sich für die größeren Strecken als Einfassungen an. Schon mal verbaute, alte Ziegelsteine sind besonders dekorativ im Cottage Garten. Ich stöberte in Kleinanzeigen im Internet und in der Tageszeitung. Fragte Nachbarn und Freunde. Schnell wurde ich fündig und machte zuerst einen Test mit uralten Dachziegeln. Ich probierte aus, ob ich damit Rundungen legen kann, wie viele ich brauche, wie schwer sie sind.

Das Ergbenis: Gelingt gut und geht »in Serie«. Einen größeren Posten durfte ich mir von einem halb eingefallenen Schuppen in meiner Nähe zusammenklauben. Geschenkt! Fleißig sammelte ich, sie waren schwer, aber einzeln gut zu tragen, mein Kombi konnte sie in mehreren Ladungen nach Hause schaffen. Wir hielten beide durch. Nach getaner Tat war ich sehr damit zufrieden. Auch Jahre danach noch!

Betonrandsteine aus dem Baustoffhandel sind ideal für gerade und exakte Trennungen zwischen Schotterflächen und Beet. Bei Schotter oder Hackschnitzel, also losem Wegebelag, geraten die Materialien nicht ins Beet hinein.

Einfassungen und gleichzeitig Erdbefestigungen sind bei Grundstücken mit Gefälleneigung gut. So fangen verschiedene Materialien die Beeterde auf. Altbewährtes, fast kostenlos und vielfältig verfügbares, unvergängliches Material sind beispielsweise leere Weinflaschen. Sie lassen sich glatt in Rundungen eingraben. Bewuchs, der hineinzieht und sich darüberbreitet und ihre grüne Farbe lassen diese Einfassung fast verschwinden.

Feldsteine in verschiedenen Größen erledigen den Job mit natürlichem Charme. Als gerade Kante zwischen Terrasse, Beet und Rasen gelegt, und zum Auffangen des Höhenunterschiedes zwischen Beet und Terrasse. Die Seite zum Rasen ist (wie du im Bild rechts sehen kannst) so weit eingegraben und mit schrägen Steinen zum Rasen hin eingefasst, dass der Rasenmäher gut drauf fahren und mähen kann.

Grün-Einfassungen gehen immer. Althergebracht sind in niedriger Form gehaltene Buchsbaumhecken als Beeteinfassung, sei es in Bauern- oder herrschaftlichen Barockgärten. Sieht wunderschön aus, allerdings ist Buchs nicht so günstig in der Anschaffung und darüber hinaus auch noch recht pflegebedürftig, denn er muss geschnitten werden. Seit einiger Zeit gibt es auch noch Gefahr in Form des Buchsbaumzünslers (*Cydalima perspectalis*). Willst du auf Nummer sicher gehen, greife zu Alternativen, beispielsweise zur Eibe (*Taxus*) oder der Japanischen Stechpalme (*Ilex crenata*).

Die Feldsteine habe ich so verlegt, dass mit dem Rasenmäher direkt entlanggefahren werden kann.

1. Dachziegel werden zur Probe gelegt, um zu sehen, ob sie auf kurvigen Strecken auch gut liegen.

2. Der Randstreifen aus Beton wird gelegt.

3. Leere Weinflaschen als Beeteinfassung. Magnum-Flaschen halten viel Erde fest!

4. Leckere Einfassung zum Aufessen: Schnittlauch und Zitronenmelisse.

Flechteinfassungen Haselruten, Hartriegelzweige oder auch Weidenäste lassen sich zum Minizaun verflechten. Zuweilen sind sie zu finden, wenn Gehölzränder beschnitten werden oder auf dem Kompostplatz. Die Haltbarkeit ist begrenzt, aber sie fügen sich gut in die natürliche Umgebung ein. Wenn du gerne flechtest, ist das genau deine Einfassung. Fertig gibt es sie auch zu kaufen.

Holzeinfassungen in Form von übrig gebliebenen Brettern vom Bau sind genial. Fürs erste räumen sie Erde gut in ordentliche Beete auf. Auch imprägniert oder wetterfest lasiert, halten sie durch den Kontakt mit der Erde nicht ewig. Hast du Kantholzreste, mach sie wasserfest wie die Bretter. Schneide sie auf eine Größe, sodass sie eine natürliche Einfassung bilden, wenn sie nebeneinander eingegraben sind.

Kunststoff, Metall, Winkelsteine sind für immer und ewig. Außerdem ist die Verwendung von vorgefertigten, recycelten Kunststoffkanten eine recht günstige Lösung. Geschmacksache. Wie auch Aluminium-, Stahlkanteneinfassungen und Winkelsteine aus Beton, die gut mit dem Rasenmäher zu befahren sind. Diese letzteren Materialien schonen dein Portemonaie, wenn du sie im nächstgelegenen Stahlhandel als Flachstahl oder Bandeisen erwirbst. Im Gartenbedarfshandel sind sie als vorgefertigte Meterware mit Erdspießen zu bekommen. Sie sind vorgestanzt, um sie leicht unendlich miteinander verbinden zu können. Dadurch werden sie teurer, halten aber lang.

Cortenstahl ist ziemlich beliebt und sieht zugegebenermaßen auch recht schick aus. Die rostige Oberfläche hat schon ihren Charme. Allerdings ist das Material teuer. Der Baustahl ist andererseits sehr robust und deine Beeteinfassungen sind, einmal gelegt, für immer!

Steineinfassungen gibt es in unterschiedlichen Ausführungen von Sandstein über Kalkstein bis hin zu Travertin. Vor allem Sandstein ist sehr natürlich und passt mit dem hellen Ton gut zu bunt bepflanzten Beeten. Wichtig: Welches Gestein kommt in deiner Region vor? Es wirkt am natürlichsten, wenn du auf diese Steine auch im Garten setzt und damit die Verbundenheit deines Gartens zur Umgebung deutlich machst. Wohnst du in Süddeutschland? Dann ist der Jura-Kalkstein möglicherweise dein Favorit, der rote Main-Sandstein kommt u. a. in Hessen vor. Norddeutscher Liebling: Klinker. Es lohnt sich, Steine in einen Unterbau aus Sand und Kies zu verlegen.

MEIN TIPP: Kräutereinfassung
Eine nützliche Idee ist, im Kräutergarten Kräuter als Beeteinfassung zu verwenden. Thymian eignet sich bestens, genauso wie andere mediterrane Kräuter oder Halbsträucher wie der Lavendel. Es gibt viele verschiedene Arten und Sorten, die unterschiedlich hoch und breit werden. Wollziest erträgt Trockenheit beispielsweise klaglos, dazu glänzt er mit seinen silbrigen Blättern. Schnittlauch, Pimpernelle, Zitronenmelisse oder Oregano haben es gerne etwas feuchter. Je höher die Kräuter werden, desto mehr Abstand vom Weg ist sinnvoll.

Vor dem Pflanzen setze ich probehalber jedes Töpfchen an seinen Platz.

Beete vorbereiten

Die Beete vorzubereiten ist einfach. Sobald du weißt, wo sie sein sollen, grabe mit der Grabegabel um. Planst du ein Beet auf einer mit Gras bewachsenen Fläche, trage zuerst mit einem Spaten die sogenannte Grasnarbe ca. 13 cm ab. Hast du schon eine Kompostecke, kannst du diese Grassoden dort separat, mit den Wurzeln nach oben, aufschichten. Nach einer Weile ergeben sie gute Komposterde.

Lockere die Erde mit der Grabegabel oder einem großen Sauzahn auf. Dabei sammle gröbere Steine und auch Wurzeln heraus. Reche die Erde, bis du sie einigermaßen feinkrümelig hast. Es arbeitet sich leichter, wenn der Boden feucht ist. Herrscht längere Trockenheit, leiste ich mir, vorher durchdringend zu gießen, weil ich einfach nie warten kann!

Überlege, in welchen Beeten Gehölze deinen Gartenraum aufteilen sollen, sie lassen Wege und Pfade sogar im kleinsten Garten geheimnisvoll weiterlaufen. Welches Beet sollen sie dominieren? Ein Baum gibt mit der Zeit dem Garten ein Dach und damit einen Raum. Gleichzeitig spendet er Schatten, später möchte er unter sich aber nur trockenheitstolerante Schattenpflanzen haben. Vielleicht auch eine gemütliche Leseecke.

Boden verbessern

Lehmiger oder sogar toniger Boden wird geschmeidiger, einfach lockerer, wenn du etwas Quarz- oder Spielsand untermischst. Beim sandigen Boden verbessert Urgesteinsmehl oder Bentonit die Bodenstruktur. Stroh- oder Heu-Mulch kann ich auch empfehlen. Mulch schützt, bewahrt und verbessert den Boden.

Pflanzenauswahl

Kennst du dich mit »Grünzeug« noch nicht so aus, kannst du dir Hilfe von Fachleuten holen. Praktisch ist eine vielfältige, naturnahe Auswahl von Stauden, Gräsern und Zwiebelblumen, die in einer besonderen Mischung erhältlich ist. Sie ist üppig, langlebig, pflegeleicht und hat einen Namen: »New German Style«. Sehr chic! Wenn dein Garten wieder einmal bewundert wird, kannst du das ganz lässig im Nebensatz fallen lassen.

Das Beste daran: Der »Bund Deutscher Staudengärtner« (BdS) hat ca. 30 Pflanzenmischungen lange Zeit getestet (Anhang S. 150). Die kannst du auf deren Website kostenlos studieren, dich für eine Mischung entscheiden und einfach nachpflanzen (Anhang S. 150). Such dir aus, was dir gefällt, was zusammenpasst und in deinen Beeten gedeihen wird.

Viele Gartenzeitschriften und Staudengärtnereien bieten fertige Pflanzenpakete zum Bestellen an, auch das kann dir den Anfang erleichtern. Natürlich muss auch hier die Pflanzenauswahl an den Standort angepasst sein. Vorteil: learning by doing. Du lernst, was gut bei dir wächst und was nicht. Nachteil: Die Pakete sind kostenintensiv.

In meinem Garten habe ich mir viel Zeit gelassen und ein Beet nach dem anderen erschaffen. Die Stelle für den Hausbaum habe ich angetestet und einfach einen langen Stock in den Boden gesteckt, wo ich mir den Baum wünschte. Könnte auch ein Sonnenschirm sein. Gibt einen Eindruck davon, wie es wäre wenn ... und lässt sich leicht umher stecken. Der Baum später nicht mehr.

Besondere Beete

Anti-Schneckenbeet

Die nackten Biester, Nacktschnecken, können extremen Schaden anrichten. Zuweilen habe ich den Eindruck, sie setzen sich mit geöffnetem Maul über die Pflanzensprosse, lassen sie hineinwachsen und mampfen.

So sehen die Schäden jedenfalls aus. Mein angepasstes Mittel dagegen: Ich pflanze in den gefährdeten Bereichen nur Pflanzen, die als schneckensicher gelten. In der Praxis machen sich die Schleimer auch darüber her, wenn sie in Kompanien antreten. Das tun sie gerne, wenn ein Wald, ein Sumpfgebiet oder ein Bach in der Nähe und es schön regnerisch feucht ist. Dann fressen sie alles an, manchmal sogar komplett ab.

Mein sicheres, umweltfreundliches, giftfreies Mittel dagegen: Ein Schneckenzaun aus schräg abgewinkeltem, verzinktem Alublech. Gibt's in meterlangen Stücken und Winkeln

Eine Schnecke kommt beim Anti-Schneckenbeet nicht über den extra nach außen gefalteten Blechrand.

1. Feldsteine als Begrenzung für den Senkgarten.

2. Strohmulch zur Bodenverbesserung.

zum Zusammensetzen. Sauteuer, jawohl. Aber eine Anschaffung fürs Gartenleben. So ein Schneckenzaun lässt sich vererben, ich bin sogar zweimal damit umgezogen! Das Ganze ähnelt einem tiefen Hochbeet, garantiert ohne Schnecken.

Für alle Beete sind Schneckenzäune nicht einsetzbar, zu eckig und in der Summe zu kostspielig. Der Aufwand, bis das Anti-Schneckenbeet installiert ist, ist aber recht niedrig. Gleichzeitig ist es für viele Jahre brauchbar. Ich mulche es im Winter mit Heu, das spart Erd-Erneuerung, umgraben und Wildkraut entfernen. Passt man auf, dass kein Blättchen als Schneckenbrücke drüberhängt, ist das Beet komplett sicher. Es erspart jeglichen Gedanken an Schneckenkorn, in welcher Form auch immer. Nehme ich sowieso nicht, angewendet bringt es leider neben den Schädlingen auch meine lieben Weinbergschnecken und die freundlichen Tigerschnegel um.

Hochbeet

Absolut rückenfreundlich und durch seinen sorgfältigen Erdaufbau gut für den Anbau von Gemüse, Erdbeeren, Kräutern geeignet: das Hochbeet. Luxuriös! Kann man selbst bauen und befüllen. Da ich mich für mein bückfreundliches, weniger aufwendiges Anti-Schneckenbeet entschieden habe, freue ich mich bei anderen daran und darf zuweilen an der üppigen Ernte teilhaben. Es gibt zum Bau sehr gute Anleitungen.

Senkgarten

Hört sich ungewöhnlich an, ist es auch, denn hier hast du deine Beete auf Augenhöhe. Der Senkgarten braucht eine Vertiefung im Gelände, die fast immer angelegt werden muss. Klar ist das aufwendig, lohnt sich aber, denn wenn das Gelände es hergibt, sind die Pflanzen durch die Vertiefung dort wind- und frostgeschützter.

Das Ausmaß bestimmst du selbst entsprechend der Vorgaben, die das Gelände vorgibt. Der meinige hat einen Halbkreis mit einem Radius von 5 m.

Mein Gelände hatte sowieso eine Kuhle, die ließ ich zum großen Erstaunen des Baggerführers kräftig nachbaggern: »Noch tiefer?«, war seine ungläubige Frage. Bis auf ca. 1,30 m Tiefe konnte ich ihn überreden.

Erspart habe ich mir dadurch den Bau einer Kräuterspirale, weil ich den Senkgarten für meine Kräuterbeete und den Feigenbaum nutze. Wer Trockenheit liebt, wird nach oben gepflanzt. Immer weiter nach unten der, der mehr

> **MEIN TIPP: Richtig hinschauen**
> *Tatsache ist: Nicht alle Schnecken knabbern gerne an deinen Pflanzen. Für Weinbergschnecken sind junge Pflanzentriebe gar nicht so interessant, sie vertilgen lieber angewelktes Zeug. Hainschnecken ernähren sich von Algen und Moosen. Die liegen gelassenen Schneckenhäuser nutzen Wildbienen als Kinderstube. Und der nackte Tigerschnegel greift sogar Spanische Wegschnecken an, die ihm zu schmecken scheinen. Also besser genau hinschauen vor der Schneckenbekämpfung.*

Feldsteine, Wollziest und Thymian sind die Bühne für das Wasserspiel.

und mehr Feuchtigkeit mag. Dort habe ich als Wasserstelle einen alten aber wunderschönen Futtertrog eingegraben, der sich sehr gut bewährt hat.

Glück muss man haben: Mit den Erdlieferungen zur Baugrubenauffüllung bekam ich frei Haus große Feldsteine hingeschüttet, mit denen die Wand des Senkgartens bestückt wurde. Zu meiner großen Freude wohnen darin inzwischen Eidechsen und sogar Erdkröten, welche zuweilen im Wassertrog baden; kein Scherz! Sie liegen wie tot drin und sind es in keinster Weise, denn plötzlich sind sie weg und irgendwann wieder reglos unter Wasser.

Eine sanfte Terrassierung mit Feldsteinen zur Hangbefestigung habe ich an der Seite für die Kräuterbepflanzung angelegt und erst mal mit Stroh gemulcht. Nach und nach fügte ich Feldsteine in nicht besonders geraden Reihen am Hang ein. Unten beginnend habe ich dann nach oben hin jeweils ein wenig mit Erde aufgefüllt. Eine Seite der Senke bildet die Betonwand, die den großen Geländehang in zwei relativ ebene Flächen brachte.

In die Sohle der Senke kam ein kleiner Platz, der mir das Vergnügen erlaubt, meine Terrassenbeete und den Betrieb am Wassertrog in Ruhe zu beobachten. Und das alles gemütlich an einem Tischchen unter einem Sonnenschirm sitzend.

Für die Idee des Senkgartens bin ich Karl Foerster (1874–1970) dankbar, dessen Paradebeispiel in seinem Potsdamer Museumsgarten mich begeistert hat. Er ist ungefähr zehnmal größer als der meinige, gibt wesentlich größeren Pflanzungen Raum, auch Blumenkübeln, einem Teich mit Seerosen, Fröschen und Ruhebänken. Lohnt den Besuch!

Kiesgarten

Für mich ist ein Kiesgarten ein charmant und vielfältig bewachsenes Beet unbestimmter Größe. Völlig anders als eine Steinwüste, nur mit Kies oder Schotter aufgefüllt. Sie stellt in meinen Augen eine kostspielige miese Modeerscheinung dar. Unter den Steinen, die sich in der Sonne aufheizen, befindet sich eine den Boden versiegelnde Kunststofffolie, dazwischen maximal blütenlose Pflanzen und oft eine japanische Steinlaterne, die keine Nahrung oder Lebensraum für Tiere und Insekten bietet.

Mein Traum vom Kiesgarten geht auf Beth Chatto (1923–2018) zurück. Englische Gärtnerin, die sich sehr früh mit Beeten in trockener Lage befasste. Ihre Gärten liegen in Essex, einer sehr regenarmen britischen Region mit schwierigen Böden und Wetterverhältnissen. Sie erarbeitete sich über Jahre mit ihrem Gärtnerteam Erfahrungen mit Pflanzen und Gräsern in Kiesschichten, die auch extrem heiße Sommer durchhalten, ohne zusätzliche Bewässerung zu benötigen. So wurde sie zur Expertin, es war Pionierarbeit, fasziniert mich nach wie vor und hat in Zeiten des Kilmawandels heute sehr aktuelle Bedeutung.

So weiß ich, dass ein richtig angelegter Kiesgarten üppig blüht, viele Insekten anzieht und nicht gegossen werden muss, selbst in extremen Trockenzeiten. Ich habe gelernt, dass es aufwendig ist, mit Kenntnis dieses Ergebnis durch den richtigen Aufbau der verschiedenen Erd- und Bodenschichten und der Pflanzenauswahl richtig hinzukriegen. Und entschieden, die Finger davon zu lassen, leider.

Mit Sachkenntnis angelegt sind Kiesgärten pflegeleicht, brauchen keine zusätzliche Bewässerung und sind mit abwechslungsreicher Bepflanzung Magneten für Insekten und andere Tiere.

Der Senkgarten von Karl Foerster im Museumsgarten in Potsdam.

4

Hanglagen

Hängiges Gelände ist nur auf den ersten Blick schwierig zu gestalten. Auf den zweiten erkennst du die Möglichkeiten: Mit Mauern und Wänden kannst du kleinere und größere Hanglagen abstützen und Flächen auf eine Höhe bringen. Gleichzeitg entstehen neue Gartenräume, schöne Ecken und Blickachsen. Ganz nebenbei können Mauern und Wände dich vor neugierigen Blicken schützen, ohne dass sie dabei einengen.

MAUERN & WÄNDE

Mit Stützmauern kannst du auf hängigem Gelände Terrassen für Sitzplätze und Beete schaffen. Mauern und Wände sind gleichzeitig Sicht- und Lärmschutz.

Eine Trockenmauer, um das Gartengelände in den Griff zu bekommen oder zu formen, ist am günstigsten. Das selbst Anlegen hat seine Grenzen, doch an kleinere Ecken traute ich mich alleine ran. Gegen Schwerkräfte stemmt sich eine Mauer mit Fundament nur dauerhaft, wenn die Steine mit Mörtel fest verbaut werden. Wer handwerklich versiert ist, kann ein solches Projekt selbst in Angriff nehmen.

Ganz großes Theater, sprich steiles Gefälle, wie bei meinem abschüssigen Grundstück, braucht große Maßnahmen. So entschied ich mich dort für das andere Extrem, eine Betonwand, ca. 3,50 m hoch und 8 m lang.

Trockenmauern überall

In unserer Kulturlandschaft faszinierten mich schon immer Trockenmauern in allen Formen und unterschiedlichen Größen, die sich immer in ihre Umgebung einfügen. Sie sehen fast aus wie gewachsen, sind immer Handarbeit.

Bekanntes Beispiel: Alte Weinberge, deren Rebstöcke in den mit Trockenmauern erbauten Terrassen wachsen. Beim genauen Betrachten sind in diesen Trockenmauern faszinierende Steintreppen zu entdecken, die von Terrasse zu Terrasse führen. Sie sind nach Hunderten von Jahren immer noch begehbar, wenn sie in Stand gehalten werden, ja, das braucht's dann doch. Mit Kenntnis und von Hand trocken zusammengefügte Mauern sind elastischer als fest vermauerte. Sie haben außerdem eine natürliche Durchlässigkeit für Wasser.

Nicht nur im Weinberg bieten Trockenmauern Unterschlupf für Flora und Fauna. In meinem Garten habe ich inzwischen Zauneidechsen, Haselmäuse, Erdkröten, Hummeln und Käfer getroffen, die dort dauerhaft wohnen. Mit der Zeit siedeln sich in den Spalten Pflänzchen an, die ich nie dort hingesetzt habe, aber als Geschenk gerne annehme, z. B. Zimbelkraut (*Cymbalaria muralis*), Walderdbeere (*Fragaria vesca*), Hauswurz (*Sempervivum tectorum*), Katzenminze (*Nepeta × faassenii*), Weißer Mauerpfeffer (*Sedum album*).

Nachdem ich einmal den Tunnelblick »Naturstein-Trockenmauer« hatte, entdeckte ich sie überall. In den Vogesen als Weiden- und Wege-Trennung. Als Grundstückseinfriedung an Straßen entlang, oft zur Hangbefestigung. Nicht nur im Süden gibt es sogar Häuser, die trocken aufgemauert wurden und immer noch stehen. In Rheinhessen und in der Pfalz stehen rund gebaute Schutzhütten in den Weinbergen, die eine ganz ähnliche Form wie die Trulli in Apulien oder Graubünden aufweisen. Es sind sogenannte »Kraggewölbebauten«, die komplett bis zum obersten »Zipfel« auf dem Dach aus übereinander gefügtem Trockenmauerwerk bestehen. Wahre Kunstwerke!

Das Plateau wurde mit einer dicken Strohschicht (20 cm) gemulcht, damit sich keine Wildkräuter ansiedeln.

GABIONEN

Eine besondere Spezies der Trockenmauern sind die heute oft genutzten verzinkten Drahtkörbe in unterschiedlichen Formaten mit losen Steinen befüllt. Gabionen sind unkompliziert und schnell als Stützmauer errichtet. Vorteil: Im Vorfeld sind Statik und Form genau zu berechnen. Gabionen sind leicht zu platzieren und mit Steinen zu befüllen. Weiterer Vorteil: Auch was die Kosten angeht, sind sie eine Zwischenlösung zwischen einer handgesetzten Trockenmauer und einer gemauerten Stein- oder gar einer Betonwand mit Einschalung. Nachteil: Optisch sind sie harsch. Sie passen sich nur an, wenn man sie ganz überwachsen lässt. Im Inneren ist kein Platz für Erde, Stein liegt an Stein. So ergeben sich für Flora und Fauna kaum Möglichkeiten für eine Besiedlung.

Verwendet wurden für solche Bauten immer die regional vorkommenden Steine in den unterschiedlichsten Formen, Farben und Materialien. Jeweils in tradierter Weise verbaut. Deshalb passen sie irgendwie immer in die Landschaft, so wie der Sandstein, der in meiner Umgebung vorkommt.

Trockenmauer selbst bauen

Mauern kann man das eigentlich nicht wirklich nennen, was ich bei mir im Garten getan habe. Das Resultat erfüllt dennoch seinen Zweck und lässt sich ansehen. Ein paar Regeln habe ich beim Auf- und Ineinanderfügen auf jeden Fall beachtet und so ruht mein Mäuerchen sicher in sich und wird das lange tun.

Viele Feldsteine habe ich im Garten schon als Beeteinfassungen verlegt und genieße immer wieder ihren Anblick. Deshalb möchte ich die Feldsteine weiter als Material nutzen. In den Besitz der Feldsteine bin ich gekommen, weil ich überall nachgefragt habe, aus welchem Erdaushub ich mir Steine kostenlos raussammeln darf, welcher Bauer mir seine vom Feld zusammengeklaubten Steine gegen einen kleinen Obolus überlässt.

Meine Terrasse habe ich etwas tiefer gelegt als das umgebende Erdniveau, damit sie etwas geschützt liegt. Diesen Höhenunterschied fange ich mit einer kleinen Trockenmauer ab. Mörtel brauche ich nicht, weil die Steine »trocken« verbaut werden, also ohne Bindemittel. Das macht es weiterhin günstig. Ich schätze nach Sicht über den Daumen ungefähr ab, wie viele und welche verschiedenen Steine ich brauchen werde. Dabei beachte ich die geplante Höhe, Breite, Tiefe und mache mich ans Sammeln. Wichtig ist eine Auswahl von Steinen verschiedener Größen und Formen. Die untersten Steine sollten die größten und längsten sein. In die Höhe verbaue ich nach und nach die kleineren.

Habe ich eine ausreichende Menge gehortet, inklusive ein paar Reservesteinen, brauche ich nur wenig Werkzeug: meine allgegenwärtige Schubkarre, einen kleinen Handspaten, einen

1. Nötiges Werkzeug: Handschaufel, Wasserwaage, Handfeger

2. Die untersten Steine sollten die größten und längsten sein.

3. Fertig. Schön!

Diese Stützmauer ist gegründet auf einem Betonstreifenfundament und mit Mauermörtel verfestigt.

Handfeger und eine Wasserwaage. Ein paar Eimer lockere Erde und trainierte Muskeln. Die bekomme ich beim Steine Einsammeln und Verarbeiten gratis.

Ein Fundament spare ich ein, die Erde auf der Fläche für die Mauer glätte ich und schütte ein paar Eimer Schotter darauf. In diesen bette ich die großen Basis-Feldsteine so, dass sie ganz bequem liegen und gut nebeneinander passen. Günstig ist, wenn sie so groß sind, dass sie auf der hinteren Seite länger sind, als alle anderen Steine, die nacheinander darauf gelegt werden. Diese bilden den Mauerfuß, den ich mit weiteren Feldsteinen verstärke, eingefügt in die Rückseite der Mauer. Wichtig für den Mauerverbund ist, dass Fugen nicht direkt übereinander, sondern versetzt platziert sind, d. h. keine Kreuzfugen entstehen.

Sobald alle Steine liegen, fülle ich an der Rückseite des Mäuerchens Muttererde auf, um die verschiedenen Bodenniveaus aufzufüllen. Die Erde glätte ich mit einem Rechen solange, bis sie feinkrümelig ist und setze die Pflanzen ein, die den Sichtschutz über der Mauer beranken sollen: Efeu (*Hedera helix*) und die selbstklimmende Jungfernrebensorte 'Engelmannii' (*Parthenocissus quinquefolia*).

In diese aufgefüllte Fläche verlege ich wieder die in meinem Garten bewährten Betonplatten. Mit einer dicken Mulchschicht aus Stroh (20 cm) bedecke ich die angeschüttete Muttererde, damit sich keine Wildkräuter ansiedeln.

Nach ein paar Wochen hat sich der Strohmulch verdichtet und ich pflanze als Bodendecker und Rasenersatz Rasenkamille (*Chamaemelum nobile* var. *ligulosa*) hinein. Gleichzeitig siedele ich auch hier das hübsche Zimbelkraut (*Cymbalaria mularis*) an.

Nicht jeder hat die Chance, sein Baumaterial auf dem freien Feld zu rekrutieren. So wären die nächstgünstigste Lösung Betonsteine aus dem Baustoffhandel oder Baumarkt für eine Trockenmauer. Es gibt sie in verschiedenen Designs und Farben, die eine ähnliche Anmutung wie Natursteine haben.

MEIN TIPP: Nimm doch Matten

Wenn du einen kleineren Hang zur Befestigung ganz ohne Fundament mit Pflanzen bestücken möchtest, aber keine Zeit hast, dich selbst ans Werk zu machen, dann kann ich dir Böschungsmatten empfehlen. Da sind Pflanzen, z. B. auf Kokosmatten schon vorgepflanzt. Die Matten werden dann auf den zuvor von Unkraut und Steinen befreiten und gelockerten Boden gelegt und am besten mit Erdnägeln gesichert. Die Matten verrotten, die Pflanzen bleiben.

Betonwand errichten lassen

Nun zum anderen Mauer- und Kosten-Extrem. Mein Grundstück wies sehr großes Gefälle auf, das ich zum Teil mit der vorderen Wand des Hauses aufgefangen habe. Um den Bereich neben dem Haus an der Sonnenseite leicht nutzen zu können, beschloss ich, diese Fläche mit einer großen Betonwand (ca. 3,50 × 10 m, siehe Bild auf Seite 44) in zwei fast ebene Terrassen zu teilen. Das war nicht gerade günstig, aber sinnvoll, bedenkt man, auf die Dauer gesehen, den Nutzen.

Oberer und unterer Garten sind komplett voneinander getrennt. Beide sind durch die Einebnung einfach zu bearbeiten. Der obere wird von der Sonne verwöhnt, also für Kräuter und meine Feige perfekt. Der untere ist lauschig unter Eichen, eher ein Wald-Schatten-Garten und an heißen Tagen erfrischend kühl.

Trotzdem hat auch die untere Terrasse einen Sonnen- und einem Schattensitzplatz. Zusätzlich konnte ich bequem eine Remise und einen Schuppen an die Wand »lehnen«. Die obere Terrasse gab mir die Grundvoraussetzung für meinen fabelhaften Senkgarten. Gleichzeitig diente die Betonwand als Streifenfundament (wieder was gespart!) und ich konnte meine beiden Fertiggaragen mit dem Hinterteil daraufstellen lassen.

Ich gebe zu, es war eine größere Angelegenheit, da muss man gar nicht drumherum reden. Als der Beton geliefert wurde, kam es mir vor, als würden wir die Staumauer für eine Talsperre errichten. Aber einmal fertig, hat sich alles gelohnt und ich bin sehr zufrieden.

Die Betonmauer hält die großen Erdmassen perfekt im Zaum, ebenso stützt sie die Garagen und wirkt inzwischen gar nicht mehr mächtig. Die Schuppen lockern die Fläche auf und der Bewuchs oben und unten rahmt den Beton charmant ein. Manchmal muss du klotzen und nicht kleckern. Das zahlt sich auch aus.

5

Rasen & Wiese

Rasen ist nicht gleich Rasen. Da gibt es so einige Unterschiede. Du hast die Qual der Wahl: Welcher Rasentyp bist du und welcher Rasen passt zum Standort? Oder entscheidest du dich ganz gegen die grüne Einheitsfläche? Rasen ist ohne Zweifel wunderbar, aber pflegeintensiv, sprich, kostet immer wieder Arbeit und Geld.

GRÜNE TEPPICHE

Träumst du von einem »englischen Rasen«, vom Spiel- oder Kräuterrasen? Erst informieren, dann entscheiden.

Gebildet wird der Rasen durch eine Gemeinschaft verschiedener Gräser, die unterschiedliche Eigenschaften haben. Diese Gemeinschaft ist hoch begehrt und so schmuggeln sich gerne Kräuter aller Sorten, Gänseblümchen und – am liebsten – Moos ein. Was mir gut gefällt: Gänseblümchen und Moos im Rasen. Bei Wildkräutern und Futtergräsern auf meiner kleinen Zierrasenfläche rupfe ich allerdings entschieden aus. Der Gärtner ist sowieso immer der Mörder.

Meinen Zierrasen habe ich so minimal angelegt wie's ging. Warum? Weil ich ihn schnell gemäht haben und nicht wässern will, konsequent gar nicht. Auch nicht heimlich! In heißen Sommern lasse ich ihn dürsten und braun werden. Inzwischen macht's mir nix mehr aus. Denn ich weiß, meine Trockenrasenmischung hält tapfer durch, sobald es regnet, wird's wieder grün. Dauert etwas, wird aber, dann geht das Mähen bald wieder los.

Überhaupt ist es enorm wichtig, dass du dir nicht nur die Nutzungsform, sondern auch den Standort anschaust, bevor es an die passende Rasenmischung geht. Die verschiedenen Rasenmischungen unterscheiden sich nämlich in Punkto Standortverhältnisse. Liegen der Garten und die Rasenfläche im Schatten, entscheidest du dich für eine Saatgutmischung, die im Schatten gedeiht. Genauso gibt es Mischungen für Halbschatten und Sonne.

So findest du deinen Favoriten

Was soll dir dein Rasen bieten? Du hast folgende Entscheidungsmöglichkeiten:

Strapazier- oder Gebrauchsrasen Sollen Kiddies auf dem Rasen toben können und Spielgeräte dort stehen, dann bist du mit einem Strapazier- oder Gebrauchsrasen gut bedient.

Zier- oder Golfrasen Stehst du auf eine Rasenfläche, die so gleichmäßig schön wie ein Teppich ist, dann bist du ein Zierrasen- oder Golfrasen-Typ. Mit einer etwas aufwendigeren Pflege bekommst du das perfekte Grün dauerhaft hin. Die Briten nehmen dazu die Nagelschere, sagt man.

Schattenrasen Möchtest du auf einer ganztägig beschatteten Fläche einen Rasen anlegen, ist die richtige Gräsermischung entscheidend, egal, wie der Rasen genutzt werden soll. Gräser wie die Lägerrispe (*Poa supina*) und die Rasen-Schmiele (*Deschampsia cespitosa*) sollten in der Schattenmischung enthalten sein.

Kräuterrasen Bist du eher der »intelligente faule Gärtner«, dann ist ein Kräuterrasen, der selten oder nie gemäht wird und Insekten Nahrung gibt, genau richtig für dich. Die trittfesten Kräuter sind bedingt strapazierbar, bunt und nicht sehr pflegeintensiv.

Nichts getan und trotzdem wunderschön: mein Wiesenblumenstreifen im 3. Jahr.

GUT VORBEREITEN

Klar, so eine Blumenwiese ist für deinen Geldbeutel und dein Zeitbudget perfekt, eine gute Bodenvorbereitung ist aber unabdingbar für die Entwicklung der Blumenwiese. Der Boden muss praktisch unkrautfrei sein. Du erreichst das, indem du die Fläche z. B. für mehrere Monate mit einer Mulchfolie abdeckst. Auch wichtig: Halte dich unbedingt an die Aussaatmenge, sonst werden spät keimende Arten von den früh keimenden schnell unterdrückt.

Blumenwiese Eine Blumenwiese wächst am liebsten auf nicht zu nährstoffreichem, eher magerem Boden. Bei mir hat sich die Blumenwiese auf dem vom Bagger geglätteten Boden von selbst etabliert und wird nicht betreten. Beim Bau des Hauses gelangte Schotter auf meine zukünftige Fläche für die Wiese. Das gibt eine gute Dränage, die bei meinem Lehmboden sehr wichtig ist. Außerdem war der Boden in keiner Weise bearbeitet und arm an Nährstoffen. Das mag sie, meine Blumenwiese, die in meinem Fall aber mehr Gräser als Blumen hat. Gemäht wird sie bei mir gar nicht. Im Frühjahr reche ich mit einem Heurechen einfach alles Abgestorbene raus und sie fängt alleine wieder an zu sprießen. Das erspart viel Zeit und Geld.

Übrigens ist Blumenwiese nicht gleich Blumenwiese, da gibt es nämlich so einige Unterschiede. Erst einmal, was die Dauer angeht. Sogenannte einjährige Mischungen enthalten einjährige Sommerblumen. Solche Mischungen sind gar nicht so teuer und du kannst ausprobieren, ob eine Blumenwiese auf die vorgesehene Fläche passt. »Echte« Blumenwiesen sind aber mehrjährig; einmal ausgesät, bleiben sie viele Jahre am Platz. Vor allem Mischungen mit heimischen Pflanzen sind für die Fauna in deinem Garten ideal, z. B. weil sie gute Pollen- und Nektarlieferanten sind. Je nachdem, wie dein Boden beschaffen ist, entwickeln sich unterschiedliche Arten, es werden also nicht alle Blumen und Gräser aufgehen, die in der Mischung aufgeführt werden. Und auf noch etwas muss ich dich hinweisen: Wenn du denkst, dass deine Blumenwiese immer so bleibt wie im ersten Jahr, dann irrst du dich. So eine Wiese verändert sich, je nachdem welche Gräser und Blumen dominieren und eventuell andere unterdrücken. So ist das Leben. Es bleibt spannend!

Jede Woche mähen im Sommer, das ist bei der Blumenwiese nicht nötig. Es reicht, wenn du ein- bis zweimal im Jahr mähst. Das bekommt den Pflanzenarten gut. Einmal wird im Juni/Juli gemäht, am besten nach der Blüte, das zweite Mal im Spätsommer/Herbst nach der Samenbildung. So können sich die Gräser und Blumen gut selbst versamen.

Wegbelag

Wenn du eine Umsäumung für die Trittplatten suchst oder einen Rasenweg anlegen willst, kannst du entsprechend der Nutzung und Lichteinwirkung den Rasentyp auswählen. Bedenke aber: Ein Rasenweg sieht immer cool aus, macht aber nach Regen nasse Füße.

1. Die Rasenfläche ist vorbereitet und gut geglättet.

2. Zur Auflockerung kommt auf den lehmigen Boden Sand.

3. Vor der Aussaat werden sorgfältig die Trittflächen gelegt.

4. Nach 10–14 Tagen beginnt das Gras schon zu sprießen.

Bei einer Grashöhe von 8–10 cm kannst du die neue Rasenfläche das erste Mal mähen.

Pflegeleicht statt aufwendig

Hast du keine Zeit und Lust mehr, die Gemüsebeete zu pflegen, kann an der Stelle auch Rasen, ein Kräuterrasen oder eine Blumenwiese wachsen. Hier kannst du entsprechend der Nutzung und Lichteinwirkung den Rasentyp auswählen.

Alte Wiese oder Rollrasen?

Gärten sind so unterschiedlich wie die Menschen, die in ihnen wohnen. Die einen lassen sich Zeit, schauen, verändern und korrigieren nach und nach, die anderen wollen schnell fertig werden und den Garten dann einfach nur noch genießen. Die Gegebenheiten vor Ort sind wichtig und meist ausschlaggebend.

Hast du eine olle, lange ungepflegte Wiese, kannst du sie mit einem hochwertigen Rasenmäher und wiederholtem geduldigen Mähen in einen Kräuterrasen umwandeln, der auch Kinderspiele gut verträgt. Das häufige Mähen verändert die Zusammensetzung der Wiesenpflanzen. Der Rasenmäher glättet außerdem mit der Zeit leichte Unebenheiten zu einer annehmbar geraden Fläche. Hierfür brauchst du Geduld, etwas Zeit und einen vernünftigen Rasenmäher, den jeder Rasen benötigt.

Willst du schnell zum Ziel kommen, dann ist ein – allerdings recht teurer – Rollrasen genau richtig, der aus deiner alten Wiese eine grüne perfekte Fläche macht. Auch hier gibt es mannigfaltige Angebote, die ganz auf deine Wünsche zugeschnitten werden können.

Was ist schon einfach? Lass dich beraten!

Deinen Wunsch-Rasentyp und die Gegebenheiten vor Ort zu kennen, hilft dir, die entsprechende fertige Saatgutmischung für deinen Rasen zu kaufen. Spare hier nicht, qualitativ hochwertige, leider teurere Gräsermischungen ersparen dir Reparaturarbeiten und viel mehr Pflege. Günstige Mischungen enthalten meist Futtergräsersorten. Dadurch bleibt die Rasenfläche weniger dicht, du musst öfter mähen und Kahlstellen ausbessern. Im Endeffekt sparst du nicht, sondern legst bei einer minderwertigen Mischung noch drauf.

Du merkst schon, das alles ist eine ernsthafte und komplexe Angelegenheit. Es lohnt sich deshalb, wenn du dich im Fachhandel beraten lässt. Voraussetzung für eine gute Beratung ist das Wissen um deine Bodenart und die Lichtverhältnisse. Die Bodenart kann z. B. sandig, lehmig, kalkhaltig, moorig, feucht sein. Bei den Lichtverhältnissen musst du wissen, ob die Fläche viel Sonne bekommt oder mehr im Schatten liegt. Frage bei der Beratung gleich danach, wie du deine Rasenmischung später pflegen kannst. Lass dich nicht durch das riesige Angebot entmutigen, ganz perfekt wird's sowieso nicht, schön grün auf jeden Fall!

MEIN TIPP: Aussaattrick

Samen von Wiesenblumen und Gräsern sind unterschiedlich groß. Für eine gute Verteilung siebst du die großen Körner ab, verteilst sie gleichmäßig auf dem Boden und streust etwas Erde darüber. Unter die kleineren Samenkörner mischst du etwas Sand und säst alles gleichmäßig aus. Dann werden dir die schönsten Blumen blühen.

So sieht meine Rasen- und Wiesenpflege aus

Mähen Wann gemäht wird, ist immer von der Witterung, vom Rasentyp und der Höhe der Rasengräser abhängig. Wenn ich sichtbare Trittspuren im Rasen hinterlasse, mähe ich im Frühjahr das erste Mal. Das ist meist im April. Wie oft ich mähe, entscheiden das Wetter, meine Zeit, Lust und Liebe. Die Schnitthöhe am Rasenmäher stelle ich meist auf 4–5 cm ein. Empfohlen wird auch die Drittel-Regel: Ein Drittel wird geschnitten, zwei Drittel bleiben stehen. Das schont die Grasnarbe.

Ein Wiesenblumenstreifen im Rasen lockert die Fläche auf und ist nützlich für Insekten.

Wässern Ich werde mich hüten zu wässern, Wasser ist mir für den Rasen zu kostbar. Auf die strohbraunen Stellen schaue ich einfach nicht, ich weiß: Nach ergiebigem Regen mutieren sie schnell wieder zu grün.

Vertikutieren Die oberste Bodenschicht überzieht eine Pflanzendecke, die sich durch die Gräser, Kräuter und Moos gebildet hat und Grasnarbe genannt wird. Mit einem Vertikutiergerät wird eine stark verdichtete Fläche aufgerissen und gleichzeitig der Boden gelockert. Es gibt jede Menge Vertikutierertypen, wenn du Geld sparen willst, dann leih dir ein Gerät.

Abrechen Mit einem Rechen ziehe ich im späten Frühjahr die abgestorbenen Gräser und Blümchen aus der Blumenwiesenfläche. Durch Frost, Regen und Schnee sind die Halme trocken und brüchig geworden. Teilweise haben sie Insekten zum Überwintern gedient. Ohne weiteren Aufwand sprießt die Wiese dann von selbst wieder neu. Und jedes Mal anders.

Düngen Ein gepflegter Rasen braucht Dünger zum richtigen Zeitpunkt. Durch das Mähen werden den Gräsern nämlich Nährstoffe entzogen, die du in Form von Rasendünger wieder zuführen kannst.

Rasenmäher

Du kannst zwischen Spindel- und Sichelmäher wählen, es gibt Mulchrasenmäher, Luftkissenmäher, Mähroboter, Aufsitzmäher. Und dann musst du dich noch entscheiden, ob du einen Akku-, Elektro- oder Benzinantrieb möchtest.

Bei kleinen Flächen von etwa 50 Quadratmetern Größe bist du mit einem Hand-Rasenmäher gut bedient. Der ist am billigsten und die Arbeit macht dich fit. Für mittelgroße Flächen bis 300 Quadratmeter sind Elektro- oder auch Akku-Rasenmäher besser geeignet. Ist die Rasenfläche zwischen 300 und 400 Quadratmeter groß, dann sollte deine Wahl auf einen Elektro- und Benzin-Rasenmäher fallen, bei noch größeren Flächen ist ein Benzin-Rasenmäher richtig. Es gilt: Je größer der Garten, umso höher muss die Leistung sein.

Handelt es sich um unebenes, steiles Gelände, solltest du bei handgeführten Rasenmähern auf einen Radantrieb achten, der dir die Arbeit erleichtert. Selbst durchschnittlich leistungsstarke Geräte bewältigen auch Hanglagen gut, ohne dass du dich anstrengen musst.

Einen reinen Zierrasen ohne Unebenheiten, Maulwurfshügel, Steinchen und ähnliche Hindernisse hälst du mit einem Spindel-Rasenmäher oder einem Mähroboter in Schuss, der die Gräser mit einem sauberen, glatten Schnitt abschneidet. Ist dein Rasen eher ein Spiel- und Gebrauchsrasen kommt der Sichel-Rasenmäher für dich infrage, der die Gräser abschlägt und auch bei Unebenheiten und kleinen Hindernissen nicht schlapp macht.

Und was ist mit den Kosten? Im Schnitt kostet ein Elektromäher mit einer Motorleistung von 1.500 KW und einer Schnittbreite von 43 cm heute etwa 200 Euro, bei wöchentlichem Mähen einer Rasenfläche von 300 Quadratmetern fallen momentan ungefähr 20 Euro Stromkosten an. Außerdem musst du jährlich noch etwas Geld für Wartungskosten einrechnen. Für einen qualitativ guten Benzinmäher mit einer Schnittbreite von 40 cm musst du mittlerweile etwa 300 Euro kalkulieren. Akkumäher werden momentan im Schnitt für ungefähr 250 Euro angeboten. Neben der Akkuspannung (ca. 36 Volt) solltest du Akkukapazität und Ladezeit beachten. Günstige Mähroboter gibt es gerade ab etwa 400 Euro, für gute Geräte kannst du auch teilweise mit über 2.000 Euro rechnen.

Rasenalternativen

Ist dir das ganze Rasen-Theater zu blöd? Es gibt pflanzliche Alternativen. Günstiger sind sie nicht, müssen aber seltener gepflegt werden. Passen sie zu deinem Boden- und Standorttyp, wachsen sie lange Jahre am selben Ort. Einige, wie der niedrig bleibenden Thymian, halten ohne Murren aus, wenn zuweilen darübergelaufen wird. Sicher ist, ein Fussballspiel würde die Pflanzen allesamt umbringen. Die Bilder unten zeigen bewährte Rasenalternativen.

Englische Rasenkamille (Anthemis nobilis ʻTrenaegueʼ) bleibt schön flach. Nicht für Lehmboden.

Teppich-Thymian (Thymus pseudolanuginosus) ist wunderschön und breitet sich gut aus.

Das Fiederpolster (Leptinella syn. Cotula dioica), liebt durchlässigen Boden.

1. Es gibt immer mal wieder kahle Stellen.

2. Damit das Saatgut aufgeht, lege ich ein Tuch drüber. Das halte ich konsequent feucht.

3. Bald kann ich das neue Gras vorsichtig mit der Rasenkantenschere schneiden.

Rasen-Reparatur

Zuweilen gibt's richtige Kahlstellen im Rasen. Ein Maulwurf kann sich nach oben Luft verschafft und einen Hügel aufgeworfen haben. Übrigens segensreiche Erde für Blumentöpfe! Oder eine große Pflanze steht ewig auf einem Platz. Bei mir hatte ein Lichtnelkenbusch die Stelle lange Zeit beschattet. Sie durfte es, nett wie sie aussah und bei Bienen, Hummeln und Faltern der Hit war. Auch ein Planschbecken, das ewig auf einem Fleck platziert ist, kann den Rasen verschwinden lassen. Keine Panik, ist leicht und schnell behoben, fast wie mit dem Zauberstab.

Zum neu Ansäen brauchst du Samen deiner Grassamenmischung oder auch irgendeine, es braucht dann nur länger zum Verwachsen. Für kleine Kahlstellen ist das alles nicht problematisch, ansonsten geht es auch vornehm und hochpreisiger: mit einer fertigen Rasenreparaturmischung. Das ist spezielles, ummanteltes Saatgut, das gut keimt, Wasser länger halten kann und robust ist. Außerdem werden die Körner weniger von Vögeln gefressen.

Suche dir einen Tag aus, an dem der Himmel bedeckt ist und bleibt, möglichst mehrere Tage. Hat es geregnet, oder regnet es? Fantastisch! Zuvor widmest du dem Boden – auch kleinen Flächen – ein wenig Zeit, lockerst ihn und entfernst Unkräuter. Vorbereitung ist ja bekanntlich das halbe Wachstum.

Sogar bei größeren Flächen verteile ich den Samen dann händisch und so gleichmäßig, wie ich eben kann. Geht mit der Hand nicht besonders perfekt, aber macht überhaupt nix! Perfektionisten, die mit dem Golfrasen und der Nagelschere, nehmen einen Streuwagen. Auch gut. Klar wächst das Gras schneller gleichmäßig und der Streuwagen dient bei anderen Gelegenheiten zum Düngen des Rasens. Günstig wäre: Hat vielleicht der Nachbar oder Schrebergarten-Verein einen und leiht ihn aus?

MEIN TIPP: Herbst-Aussaat
Früher war das Frühjahr die richtige Jahreszeit zum Rasen säen. Heute macht der Klimawandel mit langen Trockenphasen oft einen Strich durch die Rechnung. Ich habe gute Erfahrung mit der Herbstaussaat im September gemacht.

Drohen Sonnenschein und Trockenheit, decke ich die ausgesäte Stelle mit einem durchlässigen Tuch ab, gieße sie ca. drei- bis viermal am Tag und lasse sie nie austrocknen. Das gilt übrigens nicht nur für Rasen-Reparaturflächen, sondern auch für normale Aussaaten. Bis zur Keimung muss die Fläche feucht gehalten werden, sonst stirbt das Samenkorn ab und Geld und Mühe sind vergebens. Das Tuch kannst du meist nach 7–8 Tagen wieder wegnehmen und »Tatatata!«, darunter ist heimlich still und leise das Gras gewachsen. So flink, dass du es eigentlich hättest hören müssen.

Wenn es ca. 8 cm Höhe erreicht hat, schneide ich es das erste Mal mit der Hand und einer Rasenkantenschere, um die zarten Gräser zu schonen. Nach 1–2 Wochen, je nach Witterung, ist es fester und hält der Rasur mit dem Mäher stand. Weg ist das Loch!

6

Sitzplätze

Faulenzend im Garten sitzen (oder vielleicht sogar liegen) und nichts tun, außer sich zu freuen, mit Freunden zu feiern, im Homeoffice arbeiten – Sitzplätze kann man ja nie genug haben. Am besten einen auf der Terrasse, einen unter dem Lieblingsbaum, einen versteckt an einem schattigen Platz und und und ... Manchmal brauche ich aber auch nur einen bequemen Stuhl, den ich genau an den gerade jetzt richtigen Platz stelle.

Pflanzen sind die besten Schattenspender, z.B. dieser üppige Wilde Wein.

SITZPLÄTZE & TERRASSEN

Einen Garten ohne 1, 2, 3 Sitzplätze und Terrassen kann ich mir nicht vorstellen. Bauen macht halt doch süchtig.

Das morgendliche »Heraustreten« auf meine Terrasse ist für mich der schönste Beginn eines Sommertages. Der Hauptsitzplatz bildet den Übergang vom Haus zum Garten. Von innen betrachtet tut der Anblick wohl, die Terrasse ist der Salon im Garten. Vom Garten aus gesehen umarmt der Sitzplatz das Haus mit seiner Umpflanzung und fügt sich so ganz harmonisch und sanft in den Garten ein.

Mein größter Genuss ist, auf der Terrasse so oft wie möglich zu speisen. Sie ist unangefochten Sitzplatz Nummer 1. Morgens, mittags, abends. Das ganze Jahr, wann immer es möglich ist. Eine Schutzmauer und der wuchernde

Wilde Wein (*Parthenocissus quinquefolia* 'Engelmannii') geben mir Deckung vor bösen Winden, Blicken, gleichzeitig heizt die Sonne die Mauer auf und wärmt abends.

Perspektiven, Blickachsen

Hab ich's mir auf der Terrasse bequem gemacht, begrüßt mich mein eingewachsener Klein-Dschungel und ich lasse meine Augen wandern. Vom großen Tisch aus schaue ich fast wie auf eine Bühne, die sich hinter dem Wilden-Wein-Vorhang ausgedehnt hat und geruhsam zu betrachten ist. Ich sehe die Mini-Fontäne in der Wasserschale, die Insekten, die dort zum Trinken und Baden an- und abfliegen. Sehe die Blüten in den Beeten, gehe mit den Augen auf den Wegen spazieren. Es macht mich glücklich, so dazusitzen und die Natur um mich herum zu bewundern.

Sitzplätze im Garten sind die Voraussetzung, die eigene grüne Oase im Chill-Modus auf alle Sinne wohltuend wirken zu lassen. Nach und nach kamen auf meinen wenigen 500 Quadratmetern immer noch weitere Plätze hinzu. Entweder entdeckte ich eine neue Gartenperspektive, die ich im Sitzen anschauen will. Oder andersherum, der Platz soll schattig sein, dann überlegte ich, wie ich Tisch und Stühle stelle, um eine schöne Sicht beziehungsweise Perspektive zu haben. Aus jeder Ecke, Fläche, aus jedem Winkel wirkt der Garten anders schön. Zu viele Sitzplätze wirken mitunter auch ein bisschen überfüllt, weshalb ich nun mit einem bequemen Stuhl auf Wanderschaft gehe. Wenn ich nicht genug Gartenperspektiven kriegen kann, ist er der neue Sitzplatz.

Im nächsten Schritt, dort gepflegt hockend, kommen mir Ideen, wer oder was meinen kontemplativen Blick nicht stören sollte, weil sich dort z. B. der Kompost befindet. Dort plane ich höhere Pflanzen oder Gehölze. Will ich in die Ferne schauen, gibt's dort vielleicht einen Pfad, der an der Wasserschale vorbei hinter eine Heckenreihe führt. Oder führen wird, wenn die Pflanzen dann in der Erde wuchern.

Der Blick vom Terrassentisch aus auf meinen Garten ist für mich das Schönste am Morgen, Mittag, Abend ...

Dieser schattige Sitzplatz ist zufällig entstanden; einfach grandios.

Verschiedene Sitzplätze

Viele verschiedene Wünsche lassen sich durch mehrere Lösungen am besten unter einen Hut bringen: Eine Sonnenterrasse, zentraler Essplatz, z. B. mit Grillstation inklusive Blick zum Trampolin oder auf die bunten Blumenbeete. Der Sitzplatz liegt direkt am Haus, praktisch ist ein direkter Zugang zur Küche. Geschützt vor Windböen und neidischen Blicken. Schatten gibt ein Sonnensegel oder -schirm, ein bewachsenes Rankgerüst, z. B. eine Pergola, eine Markise, eine fest konstruierte Überdachung.

Trotz all dieser Vorkehrungen kann's dort sehr heiß werden. Freunde kühlerer Gefilde legen den Haupt-Sitzplatz gleich im Schatten an. Ein verschwiegenes Eckchen im hintersten Winkel des Gartens kann zum Lesen sein. Eine Bank dient zum Anfeuern der Kiddies im Sandkasten, auf der Schaukel, oder bietet einen bezaubernden Blick zur Wasserschale und über den ganzen Garten.

Die Bank vor dem Haus steht dort für den Schwatz mit den Nachbarn. Picknicke unterm Apfelbaum sind ein Traum, der mit einer Decke auf dem Kräuterrasen in Erfüllung geht oder mit leichten Gartenmöbeln, die sich nach Lust und Laune durch den gesamten Garten schleppen lassen. Eine Feuerstelle erwärmt in kühlen Stunden, sollte vom Haus aber weit genug entfernt sein.

Gartenräume schaffen

Wenn du die Lage und Funktion deiner Beete bestimmt hast, weißt du schon ungefähr, in welche Gartenräume du deinen Garten einteilst. In diese Räume legst du die Plätze, die zu deinen Wünschen passen. Nach und nach merkst du, dass du hier einen Sichtschutz (→ S. 74), eine trennende Hecke, hoch wachsende Stauden (→ S. 122), den Hausbaum oder einen kleinen Weg zum versteckten Kompost haben willst. Dabei spielt die Größe deines Gartens eine Rolle. Ist er eher klein, bieten sich Pflanzen mit klein strukturierten Blättern und Blüten an. Ein einzelner kleiner Sitzplatz, ein schmaler Plattenweg haben genau die richtige Größe und Form und unterteilen die Fläche, dazu ein Hausbaum, der kleinwüchsig ist. Lockere Gehölze machen den Garten interessant und geheimnisvoll. Sie bieten dem Auge zwar Futter, stoppen die Sicht aber nicht komplett.

Bei größeren Gärten kannst du die einzelnen Elemente, wie Beete, Gehölze, Bäume, Plätze, Sichtschutz, Spielgeräte und z. B. Rasen großzügiger planen, auch in der Proportion und im Verhältnis zum Haus.

Am besten findest du zuerst raus, welcher Sitzplatz für dich am wichtigsten ist. Das hilft dir dabei, den Anfang in Angriff zu nehmen und überflüssige Anschaffungen einzusparen.

Meine sieben Sitzplätze

Es sind sieben Sitzplätze an der Zahl geworden. Oft werde ich, ein wenig verwundert, gefragt: »Die benutzt du alle?« Klar, den größten dauernd, die Terrasse, weil sie einen Anschluss zur Grundversorgung hat. Sprich: die Küche mit Strom und Wasser. Hier wird's im Sommer trotz Sonnensegel knallheiß, dann flüchte ich. Erst mal auf die Terrasse zu Sitzplatz Nummer 2, in den Schatten des Sichtschutzes. (Foto links)

Völlig ungeplant war dieser kleine Zweier-Sitzplatz, eher ein Kollateralgewinn. Als die Jungfernrebe ihn umfangreich erklomm, wurde es dort lauschig und bei Hitze kühler als auf der Terrasse. Sobald ich das rausfand, verlegte ich sofort das kleine Tischlein-Deck-Dich in diesen wunderschönen Winkel.

Nummer 3 wurde das Plätzchen im Senkgarten. Es versetzt mich mit dem Feigenbaum

Der bequeme Stuhl lädt mich ein, die abendlichen letzten Sonnenstrahlen in mich aufzusaugen.

MEIN TIPP: Kleinklima!
Durch Bepflanzung und immer wieder kleine Bauprojekte, wie Sicht- oder Windschutz auf meinem winzigen Grundstück, habe ich verschiedene echte, kleine Klimazonen geschaffen. Es geht also! Konsequent hab ich das gemessen, im Sommer, immer im Schatten. Streng wissenschaftlich, zwischen 13 und 14 Uhr, immer mit demselben Thermometer. Dabei stellte ich fest, auf der Straße vor dem Garten waren es 2 Grad mehr als auf der durch einen 3,50 m hohen, bewachsenen, Sichtschutz beschatteten Terrasse mit 33 Grad. Im Senkgarten 31 Grad, im unteren Garten 30 Grad und, der Hit: beim kleinen Tisch im Norden am Haus 26 Grad. Das ist der Grund, warum er dort steht! Ist ein wenig geschummelt, weil sich ein kleines Tal mit Bäumen und sogar einem Bach anschließt. Dieser Bereich kühlt enorm. Im Senkgarten ist's zwar heiß, weil die Sonne den ganzen Tag auf Kräuter und die Feige scheint. Doch es weht immer ein kühlender Wind – der im Winter zum eisigen Sturm wird. Er bringt mehr Kälte in diesen Gartenbereich und weht manchmal das Feigenbäumchen um. Nächstes Jahr werde ich dort einen Windschutz anbringen. Endlich mal wieder was im Garten bauen!

und den Kräutern in südliche Gefilde und lässt mich entspannt das muntere Treiben am Wassertrog beobachten. An heißen Tagen weht hier ein Lüftchen, so spare ich den Weg in den unteren, noch kühleren, Waldgarten. Weit wär's nicht, aber bei mörderischer Hitze spare ich gerne Bewegungen ein.

Sommer-Kaffee-Kränzchen finden auf dem Schattenplatz unter Eichen statt, Nummer 4. Ebenso hervorragend geeignet für ein Glas Wein an lauen Abenden. An gleißenden Sommertagen hält mich der kleine Leseplatz auf der Nordseite kühl, Sitzplatz Nummer 5. Im Frühjahr scheint die Sonne auf die große Bank an der Haus-Sonnenseite im unteren Garten, Sitzplatz Nummer 6. Von hier aus verfolge ich die Fortschritte der Frühlingsblüher.

Zuallerletzt, die unschätzbare Nummer 7. Um am Feierabend in den Beeten hockend die Hektik des Tages zu vergessen, dafür ist der einzelne Sessel im Beet. Alle sieben Sitzplätze haben ihren Zweck und werden fleißig genutzt.

Terrassenbeläge

Das Geräusch von Schritten auf Kies und Splitt habe ich in Frankreich lieben gelernt. Dieser Splitt befindet sich bei unseren Nachbarn auf Parkwegen und Plätzen, bildet den Untergrund von Sitzplätzen in Hotels und Privatgärten. Oft hat er ein sandiges Hellbraun, es ist meist Dolomitsplitt. Im Preisvergleich blieb er nach Kunststoff-Fliesen, die für mich nicht in Frage kamen, der Renner, besonders, weil ich mich für grauen Balsaltsplitt entscheiden konnte, der hier in der Region abgebaut, vertrieben und geliefert wird. Er versiegelt meinen Boden nicht und passt

1. Der Platz ist vorbereitet, die 15 cm hohe Splittschicht kann aufgeschüttet werden.

2. Die Schicht wurde mit einem Rechen glatt gerecht, anschließend wird sie mit einer Rüttelplatte befestigt.

3. So sieht es nach dem Rütteln aus.

4. Jetzt noch schnell Sitzmöbel und Sonnenschirm aufstellen.

1. Sitzplatz mit Splitt anlegen: Platz festlegen, eventuell die Stufen vorbereiten.

2. Erde abgraben.

3. Wasserdurchlässige Folie anpassen, auslegen und anschließend punktuell beschweren.

4. Die Splittschicht aufbringen, glattrechen und drauf rumlaufen. Das befestigt das Ganze.

farblich zu meinen anthrazitfarbenen Dachziegeln. Die zweimal im Jahr stattfindenden Pflegemaßnahmen bestehen darin, Sämlingen mit einem Kratzwerkzeug den Garaus zu machen und im Herbst die Blätter zu entfernen. Etwa alle fünf Jahre fülle ich neuen Splitt auf.

Entscheidest du dich für Splitt, kannst du später immer noch sehr gut ein anderes Material darauflegen. So ist diese Wahl nicht endgültig und lässt dir Zeit, den Belag auszuprobieren und später zu ändern, ohne Arbeit, Zeit, Material und Geld verschwendet zu haben.

Als ich mich für Splitt als Terrassenbelag entschied, ließ ich mir schildern, wie solche Flächen professionell angelegt werden. Schnell hörte ich nicht mehr richtig hin, es klang sehr teuer und aufwendig. Doch Splitt blieb im Vergleich zu allen anderen Möglichkeiten das günstigste Material und gefiel mir.

So blieb mir nur, die Anlage einfach selbst auszuprobieren, und bis heute habe ich das nicht bereut. Viele Jahre danach nutze ich unverändert den Belag mit dunklem Basaltsplitt in Körnung 16–32 mm. Splitt besteht aus Körnungen, die kleiner sind als Schotter, aber größer als Sand. Diese Körnung tritt sich mit der Zeit gut fest, die einzelnen Steinchen verkeilen sich ineinander, erst beim Rütteln und dann beim darauf Herumlaufen.

Entscheidet man sich für Kies, also abgerundete Kiesel, hilft rütteln nichts, jeder Schritt sinkt ein wenig ein, weil die Kiesel etwas rollen. Splitt und Kiesel gibt es in verschiedenen Farben. Ich entschied mich für Grau, weil die Ziegel meines Daches anthrazitfarben sind und weil sich im Garten die Farben der verwendeten Materialien der Pflanzengestaltung unterordnen, wenn sie sich ähneln. Außerdem wird er hier regional abgebaut und ist dadurch günstiger im Transport.

DIY-Splittbelag

Der Schattenplatz im unteren Garten war kleiner als die Terrasse, deshalb wurde er zur Splitt-Versuchsfläche. Ich nahm das Befüllen in die eigenen Hände und auf die Schubkarre.

Lieblingsplatz unter Bäumen mit Vogeltränke. Die Splittschicht als Bodenbelag passt gut hierher.

Meine Gäste lieben es: französischer Lebensstil im Blätterschatten des Waldgartens.

Natürlich gibt es noch weitere, richtig schicke Terrassenbeläge, die aber das Portemonnaie mehr strapazieren als die Splitt-Lösung:

Holz Heimische Hölzer wie Robinie, Douglasie, Eiche oder Lärche bieten sich an. Sie brauchen aber auf jeden Fall eine aufwendige Unterkonstruktion und sollten nicht mit der Erde in direktem Kontakt stehen, denn dann würden sie auf die Dauer vermodern.

WPC steht für Wood-Plastic-Composite und ist ein meist langlebiges Holz-Kunststoff-Gemisch. Aber nicht wirklich günstig. Reststücke dürfen aber im Restmüll entsorgt werden.

Beton- und Naturstein Platten, Pflaster und Klinker – alle Beläge benötigen einen Unterbau aus Sand und/oder Schotter, Splitt, sonst bleiben sie nicht frostfest.

Platten haben den Vorteil, dass sie nicht, wie Splitt, an den Schuhen hängen bleiben und mit ins Haus getragen werden können. Bei meinem Splitt verhindern das Bürsten-Schuhabstreifer. Platten können einfach gefegt werden und lassen bis auf Moos und Algen keinen weiteren Bewuchs zu. Der muss jedoch von Beton immer wieder mit Spezialmitteln entfernt werden, ist er feucht, wird er rutschig. Hochdruckreinigung wird nicht empfohlen, da der harte Wasserstrahl die Poren im Beton noch weiter öffnet und dadurch für den Belag noch empfänglicher macht. Pflaster-Klinker dagegen lassen sich hochdruckreinigen. Alle Platten, die im Verbund verlegt sind, haben den Nachteil, den Boden zu versiegeln. Für die Ewigkeit gemacht, aber auch am kostenintensivsten.

KIESWABEN

Bis hinunter in meinen Senkgarten kamen wir mit der Rüttelplatte natürlich nicht. Da musste halt eine andere Lösung her. Durch die trichterähnliche Anlage der Beete kommt auf der Sohle bei heftigen Regengüssen viel Wasser an. Das sollte gut abfließen können. Auch wollte ich nicht mit den Tisch- und Stuhlbeinen im Splitt versinken und schief herumsitzen müssen. Also habe ich mich für Kieswaben aus Kunststoff entschieden und die Fläche, quasi zwischen zwei Splittlagen, damit

bestückt. Die Ausbringung ist fast schon kinderleicht. Sie werden einfach auf die bereits 3–5 cm hohe, glatt gezogene und mit einer langen Wasserwaage ins Lot gebrachte Splittfläche des geplanten Platzes gelegt und gleichmäßig mit weiterem Splitt aufgefüllt, bis sie nicht mehr herausschauen.

Prima Angelegenheit: Sie sind wasserdurchlässig! So bilden sich keine Pfützen und die Fläche ist nicht versiegelt, sie hält Füße von Gartenmöbeln, Belastungen durch häufiges Betreten sowie Befahren mit Schubkarre, Fahrrädern, und was da sonst noch bei mir rumdüst, bestens stand. Einmal verlegt und gefüllt, sind sie unsichtbar. Gras und Kräuter spitzen immer mal wieder heraus und schicken sich an, den Platz zu erobern. Aber da haben sie sich geschnitten und nicht mit mir gerechnet. Dieses Grün hat bei mir keine Chance und wird herausgezogen. Aber sonst ist weiter keinerlei Pflege nötig und Relaxen angesagt. Und was die Kosten angeht: Die Waben sind ausgesprochen langlebig und damit auf die Dauer nicht wirklich allzu teuer.

Pergola mit umfunktionierten Duschvorhängen als Sichtschutz.

SICHTSCHUTZ

Sichtschutz ist ein Element im Garten, das vertikal Raum teilt und umschließt. Damit kannst du Geborgenheit schaffen, ein nicht einsehbares Refugium.

Ein Sichtschutz, je nach Beschaffenheit und Größe, gliedert und strukturiert den Garten. Es ist dein Reich! Mach's dir selbst nett und spannend für deine Lieben. Egal wie winzig dein Garten ist, ist er nicht mit einem Blick überschaubar, kannst du prima vor den Augen der Nachbarn – zur Seite und nach oben – darin verschwinden. Solltest du mal dazu Lust haben. Ein gegliederter Garten wirkt außerdem zugleich größer.

Ausprobieren ist immer gut

An welchem Platz mir mein Kaffee unbeobachtet am besten schmeckt, habe ich anfangs hinter Kletterern ausprobiert, die ich in Töpfen gezogen habe. Oder unter einem Sonnensegel. Irgendwann wollte ich mehr Luft, Sonne, Raum, es folgten weiße, textile (Dusch-)Vorhänge. Sie bewährten sich mindestens zwei Jahre. Das war prima und so wollte ich das möglichst dauerhaft haben. Also machte ich mit dem Sichtschutz in Form von hohen Dachlatten mit Bewuchs Ernst. Dachlatten, imprägniert, sind nicht für alle Ewigkeit, dafür nicht teuer. Hölzer, die lange halten, z. B. Lärche, Robinie, machen es wertvoll. Meine Erfahrung ist, dass die Kletterer, speziell Efeu, mit den Jahren so kräftige Äste bilden, dass sie den Unterbau halten. Dies und die Dachlatten optisch verschwinden zu lassen, ist mein Wunsch an den Bewuchs. Eine Pergola eröffnet viele Gestaltungsmöglichkeiten, ist jedoch durchaus ein kleines Bauwerk und erfordert Geldmittel und mehr Aufwand als so ein profan verschraubtes, einfaches Lattengerüst.

Für die Fundamente wird ein Loch ausgehoben.

Mit schnell härtendem Fertigbeton verfüllt.

Auf Lücke

Meine Betonierkünste sind nicht der einzige Grund, dass meine hohen, bewachsenen Dachlattenwände allem Sturm standhalten. Es liegt mit daran, dass ich sie auf Lücke geschraubt habe. Das ist äußerst sinnvoll, da geschlossene Flächen Stürmen zu viel Angriffsfläche bieten und gleichzeitig für heftige Verwirbelungen dahinter sorgen.

Außerdem leuchtete mir die hohe Straßenlaterne die ganze Romantik auf der abendli-

Stand- und sturmsicher. So soll das sein.

MEIN TIPP: Frag nach!
Wie auch beim Hecken- und Baumpflanzen ist es sinnvoll, sich bei der Gemeinde nach speziellen Bestimmungen zu erkundigen. Vor allem, wenn du die Grundstücksgrenze gerne ausnutzen möchtest. Arbeite bei der ganzen Pflanzerei und Graberei vorausschauend, indem du verlegte Leitungen oder Rohrverläufe im Erdreich vorsichtshalber aussparst.

chen Terrasse zum Teufel. Dem bot ich dann Einhalt mit vielen 3 m hohen Dachlatten als neuem, langjährigem Sichtschutz. Im folgenden Jahr beschraubte ich noch die östliche Seite mit gleich hohen Dachlatten in derselben Art und Weise.

Sichtschutz-Ideen

Hier eine unvollständige Liste der unbegrenzten Möglichkeiten, die mir gefallen oder gefallen würden:

- Rankkästen oder Pflanzenkübel auf Rollen: Schnell hingestellt und flexibel, gibt's fertig mit Bewuchs.
- Paravents gibt's in vielen verschiedenen Materialien, Farben und Größen, auch »instant-fertig«, musst du nur aufstellen.
- Schilfrohrmatten, Haselnussmatten, Weidenflechtmatten halten ein bis mehrere Jahre recht gut, benötigen dann aber einen Halt, der nicht zu sichtbar sein darf.
- Hohe Gräser, z. B. Chinaschilf (*Miscantus sinensis*), in bogiger Reihe gepflanzt, oder Garten-Bambus (*Fargesia murielae*), der keine störenden Ausläufer bildet.
- Grüner, hoher Maschendrahtzaun mit Efeu bewachsen. Zwischen Pfosten lässt sich der Zaun befestigen und mit Efeu beranken. Dauert etwas, der Efeu braucht ca. zwei Jahre, bis er dann »Gas gibt«. Positiv: Efeu verliert kein Laub, nach weiteren Jahren blüht er und ist dann ein Insekten-Eldorado.
- Textile Duschvorhänge an Stahlseilen zwischen Pfosten befestigt, die im entsprechenden Metallschuh im Boden aufgestellt, eventuell mit Beton standfest gemacht sind. Die Vorhänge sind für ein bis drei Jahre recht gut, auch waschbar.
- Immergrüne Hecken, z. B. Thuja, Eibe, sind blickdicht, fast immergrün ist Liguster.
- Blickdicht ist Hainbuche, die im Winter ihre braunen Blätter behält und diese erst abwirft, wenn sie im Frühjahr neues Grün bildet. Nicht immer blickdicht ist eine natürliche Mischhecke.
- Gegen Einsichten aus höheren Gebäuden braucht es einen Baum, oder, schneller, ein großes Sonnensegel, eine Markise, ein hohes, bewachsenes Dachlattengerüst oder eine Konstruktion aus Baustahlstangen.
- Eine Pergola, aus welchem Material auch immer, berankt von charmanten, wüchsigen Kletterpflanzen ist sehr nützlich und sieht immer attraktiv aus.
- Eine verputzte Kalksandsteinmauer schützt vor Wind und Neugier. Sonnenbeschienen gibt sie die Tageshitze in kühlen Abendstunden wieder ab.

1. Duschvorhang als Sichtschutz.

2. Hecken und Bäume.

3. Transparente Lattenwand.

4. Dieselbe Wand, 2 Jahre später, dicht bewachsen.

7

Wasser im Garten

Wasser macht den Garten zum Garten. Das nasse Elixier ist nicht nur unverzichtbar fürs Wachsen, Gedeihen, »Kreuchen und Fleuchen«, das gute Element kommt mit etwas Glück ohne Bezahlung von oben. Und es lässt sich mit kleinen Wasserstellen überall in den Garten bringen, sozusagen als Pendant eines Teiches.

Ein alter Futtertrog wird zur Wasserstelle unter dem Feigenbäumchen.

SCHALEN, BECKEN, WASSERTONNEN

Man braucht nun wirklich keinen Teich, um Wasser im Garten zu haben.

Ein Teich ist schick und nützlich. In Schalen und Tonnen aufgefangenes Regenwasser als Tränken, Wasserspeicher und als Gießwasser einfacher. Regenwasser ist übrigens kalkfrei. Lagert es, hat es die gleiche Temperatur wie die Luft, die es umgibt. Die Grünlinge mögen das wohltemperierte Wasser lieber als Leitungswasser, das ihnen aus dem Schlauch eher kühl an die Wurzeln fließt. Kalk darin behagt den wenigsten. Um viel davon zu bunkern, fülle ich aus den Regentonnen das Wasser in meine zahlreichen Gießkannen um.

Gut aufgefangen

Am effektivsten ist eine unterirdische, ans Regenrohr angeschlossene Zisterne mit einer Pumpe. Lässt man sie eingraben, während die Erdarbeiten am Grundstück in Arbeit sind, bleiben die Kosten dafür im Rahmen. Schlau mitgedacht! Und die spätere Wasserrechnung fällt bestimmt niedriger aus. Vergräbt man sie nachträglich, amortisiert sie sich bald bei dem, der sie mutig selbst mit dem Spaten metertief lang und breit versenkt.

Ist es dir zu aufwendig, eine Zisterne einzubuddeln oder zu installieren, gibt es die Lösung von mehreren verbundenen Regentonnen. Eine Regentonne ist gut, zwei oder mehr besser. Die kannst du so verbinden, dass sie sich automatisch alle füllen, nach dem Prinzip »Kommunizierende Gefäße«.

Lass sie kommunizieren

Du kannst Regentonnen im oberen oder im unteren Teil miteinander verbinden. Schließt du sie im oberen Bereich mit einer Schlauchverbindung zusammen, fließt das Wasser allmählich in die zweite, sobald der Wasserstand die Öffnung der ersten Tonne erreicht. Das finde ich am besten, weil ich dann eher viel Wasser in einer Tonne habe und davon schöpfen oder abfließen lassen kann. Dafür ist es gut, wenn die Tonnen auf gleicher Höhe stehen.

Sind deine Tonnen unterschiedlich hoch, stehen auf unterschiedlichem Niveau oder sollen sich gleichzeitig füllen, verbinde sie im unteren Bereich. Sinnvoll ist es, sich dafür beispielsweise im Baumarkt ein Regentonnenverbindungs-Set anzuschaffen. Dann hast du gleich alles zusammen: die zwei Schlauchstutzen mit Kontermuttern, zwei Dichtungen und den Schlauch, inklusive einer Anleitung. Im entsprechenden Durchmesser bohre mit einem Kronbohrer sorgfältig jeweils ein Loch in beide zu verbindende Tonnen, dann brauchst du nur noch jeweils die Stutzen mit den Kontermuttern und dem Schlauch zu befestigen. Dichtungen abei nicht vergessen.

Regenwasser kann man nie genug haben. Was zu viel auf einmal runterkommt, wird gesammelt.

Eine Solarpumpe sorgt dafür, dass das Wasser in Bewegung bleibt.

Gefäße aller Art

Fast alle meine Regenrohre besitzen eine speziell dafür gemachte Klappe und füllen beim geringsten Regentropfen schnell die Tonnen auf, auch die an der Remise und am Schuppen. Gefäße habe ich fürs elementare Nass umgewidmet. Aus einem großen Keramik-Blumenkübel oder einem verzinkten Papierkorb mit Deckel wurden Wasserfässer. Das Abzugsloch im Kübel habe ich mit Dichtungsmasse geschlossen. Alle gemeinsam bekamen eine Abdeckung mit Kükendraht oder Ähnlichem.

Denn nicht noch einmal wollte ich verursachen, was einmal gut gegangen war. Eines Nachts weckten mich unaufhörliche Kratzgeräusche im Garten. Zwar erkannte ich nicht, was es war, aber Übles vermutend, stürzte ich in den Garten zu der Tonne, aus der die Geräusche immer panischer klangen: Ein zu neugieriges Eichhörnchen brachte sich wie der Blitz an meinem ausgestreckten Arm aus der Tonne heraus in Sicherheit. Vermutlich wollte es vom tiefen Wasserstand trinken oder mal schauen, was wohl in der Tonne ist, kam alleine aber nicht mehr heraus! Ein zehn Liter Eimer bekommt als einziger kein Gitter. Er zapft mein Sonnensegel an und dient dazu, Töpfe zu versorgen, die unter Dach und dadurch trocken stehen. Sich darin zu ertränken, ist noch niemandem gelungen.

Treffpunkt Wasserstelle

An allen Wasserschalen trifft sich, was im Garten Rang und Namen hat. Die Voraussetzung ist: Sie werden frisch aufgefüllt und sauber gehalten. Bei meinen vielfältigen Mini-Wasserstellen hält mich das ausreichend auf Trab. Damit Käfer, Fliegen und andere Winzlinge nicht einmal übers Ertrinken nachdenken müssen, schwimmt in jedem meiner Vogelbäder, Igel- und Katzen-Tränken ein Stück Holz oder es liegen Steine darin, worauf sie sich jederzeit selbst retten können.

Ein alter, beschädigter Futtertrog (→ S. 80) war mir überlassen worden. Der will eingebuddelt werden. Eingebettet in den harten Lehm, eingerahmt von ein paar Steinen und der Feige verschwindet die Beschädigung, seinen Dienst tut er so perfekt. Auch er bekommt »Rettungssteine« und ein Holzbrett, unter dem zuweilen eine Erdkröte badet.

Die Belohnung für meine Mühen sind die Mußestunden, in denen ich träge in der Sonne den trinkenden und schwimmenden Insekten zuschaue. Unglaublich, aber ich beobachte es dauernd: Wespen schwimmen auf der Wasseroberfläche und lieben es, sich von einer Bewegung der Wasseroberfläche treiben zu lassen. Zumindest »Sächsische Wespen« tun das.

Mein antikes Sandsteinbecken (→ Seite 78) braucht keine Kletterhilfen, so niedrig ist es. An seinen rauen Wänden kann sich alles Getier selbstständig hochhangeln. Schnecken lieben das besonders, ich erlaube das aber nur bei den Weinbergschnecken, die mich damit erfreuen. Gefüllt wird das Becken durch eine Kette, die einerseits mit einem Stein beschwert und am anderen Ende durch ein von mir angebrachtes Loch in die Regenrinne gefädelt ist. So führt sie das Wasser zielstrebig in das Becken. Im Winter nehme ich Stein und Kette heraus und lege sie an die Seite ins Beet.

Einfach mal kneten

Dummerweise haben auch im Garten die Götter den Schweiß vor den Genuss gesetzt. Den Deckel eines unterirdischen Tanks wollte ich optisch verschwinden lassen und überlegte lange, wie oder womit. Irgendwann kam mir die Idee, eine Schale mit der gleichen Krümmung wie der Deckel bloß umgekehrt draufgesetzt, könnte zur wunderschönen Wasserschale werden. Durch die Krümmung elegant und flach, ein ideales Vogelbad, Tränke für den Kater in Mäulchenhöhe, größeres Wespen-Schwimmbad. So was gibt's fertig und ähnlich in Corten-Stahl oder aus Beton. Doch das ist eine kleine Kostbarkeit. Durch die entsprechenden Preise entmutigt, fiel mir ein, dass es Knet-Beton gibt! Also machte ich mich ans Werk. Die Anleitung und das Ergebnis zeige ich auf der nächsten Doppelseite.

Gönn dir was

Das i-Tüpfelchen für diese Betonschale: Darin sprudelt ein Solar-Springbrunnen. Bekommt

Jede noch so kleine Wasserschale wird schnell von Insekten und Vögeln angenommen.

1. Als Form für die Wasserschale dient der Deckel eines Öl- oder Gastanks.

2. Maschendraht als Verstärkung.

3. Zuerst wird die Form mit einer Folie abgedeckt …

4. … und dann eine Schicht Knetbeton aufgebracht.

1. Der Maschendraht wird über die Form auf den noch feuchten Beton gelegt.

2. Gut eindrücken und bei Bedarf noch etwas Beton auftragen.

3. Ganz wichtig: Der Beton muss langsam aushärten. Ein Sonnenschirm verhindert, dass er unregelmäßig trocknet, was später zu Rissen führen kann.

Wassertonnen lassen sich prima zum Miniteich mit Schwimmpflanzen verwandeln.

man übrigens recht günstig im Baumarkt. Außer Sonnenstrahlen muss dabei nichts installiert werden: Meine einzige schwere Entscheidung war dabei, ob ich lieber eine Fontäne munter plätschern lasse oder ein leises Murmeln vernehmen möchte. Das ist durchs Aufsetzen von verschiedenen Düsen auf den Wasserauslass der Solarscheibe zu bewerkstelligen.

Winterfest machen

Sich und den Garten auf den Winter vorbereiten, heißt sparen. Denn wenn nichts kaputt geht, muss auch nichts Neues gekauft werden. So leere ich im Herbst brav alle meine Wasserbehälter aus. Das Sandsteinbecken und den Keramiktrog fülle ich mit Stroh und decke beide mit alten Dachziegeln ab. So bleiben sie über den ganzen Winter trocken und kein gefrierendes Wasser sprengt und zerstört sie.

Um zu verhindern, dass Vogelbäder oder meine Knetbetonschale im Winter durch das gefrierende Wasser zerspringen, lege ich Äste hinein, die an mindestens zwei Stellen über den Schalenrand herausragen. So heben sie das Wasser, das zu Eis gefroren ist, im Gesamtpaket hoch und alles bleibt heil. Dies geht nur mit Schalen, die sich konisch nach oben öffnen.

Immer schön grün

Wenn dir die ganze Regentonnen-Galerie zu unschön aussieht, dann lass es darin grünen. Regentonnen müssen auch obendrauf nicht nackig bleiben, bezaubernd ist beispielsweise dort angesiedelter Schwimmfarn (*Salvinia natans*), der nicht winterhart, aber schnellwüchsig ist und die Wasseroberfläche bedeckt. Der Winterschachtelhalm zeichnet Senkrechte ins Fass. Trotz seines Namens übersteht er einen Winter draußen aber nicht. So eine mit hübschen Wasserpflanzen bestückte Tonne ersetzt zwar keinen Naturteich, erzählt aber davon.

Splish Splash

Mit Muße und Erleichterung überblättere ich gerne die Seiten in Gartenzeitschriften, in denen die Anlage und vor allem Pflege von Teichen beschrieben wird. Schön zu haben, aber kostenintensiv. Der kleine, einfachere Luxus dagegen ist eine Solardusche. Steht sie auf dem Rasen, ergibt das bald Matsche um die Füße.

Das entleerte Wasserbecken mit Stroh füllen.

Abdeckung aus beschwerten Dachziegeln.

Schnee und Eis sind kein Problem.

Eine Gartendusche sorgt für Abkühlung an heißen Sommertagen.

Also braucht's eine etwas aufwendigere Installation: anfangs ein in den Boden eingelassenes Betonfundament mit eingefügten Gewindestangen. Darauf wird der Holm der Dusche geschraubt. Als wasserdurchlässiger Fußbereich dient bei meinen Nachbarn eine große Betonplatte in einem Kiesbett. Steht die Chose, wird ein Gartenschlauch angeschlossen, der integrierte Wassertank aufgefüllt und durch die Sonne aufgeheizt. Nicht wirklich zu vergleichen mit einem Schwimmteich, dafür trotzdem erfrischend und allemal für Wasserspiele gut. Noch günstiger: 20 Liter Wasser im schwarzen Sack der Campingdusche. Füllen, aufhängen, Sonne drauf brutzeln lassen: Warmes Wasser rieselt aus dem kleinen Brausekopf.

8

Geräte & Werkzeuge

Sind die Geräte (hoffentlich) an ihrem Platz, greife ich meine Werkzeuge, grabe, reche, tue damit, was ich möchte und was muss, räume sie wieder hin. Zuweilen bekommen sie ein wenig Säuberung und Pflegeeinheiten. Rüstzeug ist für mich außerdem mein Gartentagebuch.

Kleingeräte und Werkzeuge habe ich immer griffbereit in meinem Spankorb.

DAS RICHTIGE WERKZEUG

Das Angebot an Gartenwerkzeugen und Geräten ist riesig. Für den Anfang reicht eine Grundausstattung.

Einige Werkzeuge und außerdem die schwere Umgrabearbeit erspare ich mir inzwischen: Ich mulche. Ansonsten gibt es aber verschiedene Helferlein, die mir bei der Gartenarbeit treu zur Seite stehen. Im Folgenden stelle ich dir Werkzeuge vor, die mir für die meisten Arbeiten genügen. Deshalb findest du hier keine Hacken oder Grubber. Mein Sauzahn tut's. Wenn du ein besseres Gefühl beim Umgraben oder Erde hacken hast, hacke, grabe um. Geht genauso. Jeder soll das so halten, wie er es für richtig hält.

Sehe ich mich der Anschaffung eines neuen Gerätes und seinen sehr unterschiedlichen

Preisen gegenüber, informiere ich mich zuerst einmal genauer. Recherchiere, rechne den höheren Preis auf seine erwartungsgemäße Lebensdauer um. Überlege, wie lange und wie oft ich das Werkzeug benutzen werde. Dann erst entscheide ich, ob ein höherer Anschaffungspreis für mich im richtigen Verhältnis zu seinem Preis steht oder ob es ein weniger haltbares, preisgünstigeres Modell auch tut.

Interessant ist, dass ich im Gespräch mit ähnlichen Garten-Nerds, wie ich einer bin, immer wieder auf Geräte stoße, die mir unbekannt sind. Super spannend! Auch dass jeder von uns auf einen anderen Liebling schwört.

Meine Werkzeug-Auswahl

Tatsächlich widme ich Dinge mit gartenfremder Funktion häufig kurzerhand um. Schnappe ich mir meinen ehemals leuchtend blauen Deko-Spankorb, kann ich mit einem Griff alle meine wichtigsten Werkzeuge mit mir im Garten herumschleppen. Spart Zeit, Wege und vorausschauendes Nachdenken.

Und was die Ordnung angeht: Auf den ersten Blick sieht's nicht wirklich nach einem Plan aus, aber alles ist für meine Zwecke in leere, quadratische Blumentöpfchen sortiert. Die Töpfchen sorgen dafür, dass verschiedene kleinteilige Inhalte sich nicht vermählen oder beim Herausnehmen durcheinander kriechen.

Und das beherbergt mein Spankorb:

Eine **Handgrabegabel.** Geht leichter in den Boden als der Handspaten, sogar in Lehm. Verletzt weniger Regenwürmer, zwängelt sich gut in Wurzelgeflechte, die ich entweder umsetzen oder entfernen will. Klar fällt lockere Erde durch, dafür nehme ich eine **Handschaufel** zum Ausgraben. Meistens dann eher den genialen **»Soil Scoop«.** Die Schaufel, die mit ihrer ungewöhnlichen Form für viele verschiedene Arbeiten bestens herhält, ist mir wichtig: Fürs Aussäen zieht sie Furchen, hält mehr Erde auf ihrem Blatt als der kleine Spaten. Durch ihre

Handgrabegabel, Soil Scoop und Handschaufel: allesamt unentbehrliche Gartenhelfer.

Spitze Gartenschere, Amboss-Schere und Bypass-Schere, mein Allrounder.

Krümmung ist es einfacher, ohne Kleckern Blumenerde in Pflanzlöcher oder Töpfe zu füllen. Und mit ihren Zähnchen beißt sie sich durch Wurzelwerk.

Ein **Wurzelstecher** ist ein langes, handliches Werkzeug und sehr erfolgreich beim Ausstechen von tief wurzelnden Wildkräutern, wie z. B. Löwenzahn oder auch Gehölzsämlingen wie Eicheln, Haselnüssen, Walnüssen oder Ahorn. Das Gerät hinterlässt im Rasen oder Staudenbeet nur ein kleines Loch. Schlau ist es, weil einfacher, Unkraut herauszuholen, wenn der Boden vom Regen durchgefeuchtet ist.

Leere **Schneckenhäuser** spieße ich auf **Holzstäbchen,** z. B. Schaschlikspieße, und stecke sie neben Eingesätes oder kleine frisch gepflanzte Pflanzen, damit ich weiß: Hier nicht rupfen und dafür gießen. Die **Befestigungsklammern** halten alles, was rankt oder sich selbst nicht festhalten kann: z. B. Rosenranken oder Tomaten, einjährige Kletterpflanzen. Meist fehlen mir im Spätsommer welche, erst im Frühjahr sammle ich wieder welche ein, wenn ich abgestorbene Sprosse abschneide. Dann nehme ich **Bast** oder **Schnur**. Das ausgemusterte **Steakmesser** hilft mit, hartnäckige, größere Wildkrautwurzeln endgültig zu entfernen. Der **Esslöffel** dient zum Portionieren von Dünger, die **Essgabel** zum Auflockern von Erde in Blumentöpfen und Kübeln.

Wäscheklammern aus Holz oder Kunststoffklammern in grün gleichen sich dem fahlen Wintergarten farblich gut an, sie halten mir das Winterschutz-Vlies fest.

Naturbast eignet sich zum Anbinden. Der Bast ist in einer Saison verrottet. Das ist gut, wenn es Ranken sind, die mit der Zeit dicker werden und andernfalls durch das nicht vergehende Material erdrosselt werden können.

Kokosschnur hält Bäume lange Jahre an ihren Stützpfählen. Die **Bindeschnur** hält länger als der Bast beim Aufbinden. Zusammenhalten, Festbinden. Die **Halter** für Samentütchen aus Draht können zur Markierung von Eingesätem ins Beet gesteckt werden.

Der eine mag **Handschuhe** bei der Arbeit im Garten, der andere gar nicht. Bei mir geht ohne fast nix. Für die normale Arbeit tun es preiswerte, sie verschleißen allesamt, ob teuer oder nicht. Um meine Rosen zu schneiden, befolgte ich einen Tipp und schaffte mir alte **Schweißerhandschuhe** an, aus ganz grobem Wildleder mit Stulpen bis unter den Ellenbogen. Ein gezielter Zugriff ist damit nicht möglich, wenn das angesagt ist, nehme ich meine **Satin-Handschuhe**. Ha! Perfekt, leider selten zu finden, aber zuweilen werde ich doch auf Floh- und Second-Hand-Märkten fündig, wenn ich mit zielgerichtetem Auge die Auslagen abscanne.

Meine Scherensammlung

Ohne mindestens eine Gartenschere in der Tasche fange ich nichts im Garten an! Damit sie mir auch lange dienen, bekommt das Schneidwerkzeug öfter mal Kriechöl an die Gelenke (täte mir nach Grabungen auch manchmal ganz gut. Sobald ich ein passendes Öl entdeckt habe, sage ich Bescheid). Die Schneideblätter bekommen einen Abrieb damit. Habe ich kranke Zweige abgeschnitten, kann der Pflanzensaft andere Pflanzen infizieren und außerdem beim zügigen Schneiden stören. Ist der Belag hartnäckig, tut Spirituswasser gute Dienste, das gleichzeitig desinfiziert. Die Klingen schärfe ich, wenn die Schnitte nicht mehr glatt sind, sondern faserig werden. Wer sich nicht dran traut: Das lernt man nach und nach. Aber auch in Gartenmärkten kannst du Scheren schleifen lassen.

Für mich ist eine **Bypass-Schere** lebenslange Begleiterin und meine Liebste. Sie ist das Geschenk einer Gartenfreundin, die sogenannte Baum-, Reb- und Gartenschere. Bypass bedeutet hier, dass zwei scharfe Schneideblätter aneinander vorbei gleiten und einen glatten Schnitt hinterlassen. Sie ist geeignet für dünneres Schnittgut. Man kann die meinige in ihre Einzelteile zerlegen. Sinnvoll, denn diese können nachgekauft werden und wie man's macht, wird als Gebrauchsanweisung beim Kauf einer neuen Schere mitgeliefert. Zumindest beim Schweizer Original.

Diese schlauen Hersteller wissen überhaupt genau, was sie tun: Ihre Scheren-Griffe sind leuchtend rot, alle andersfarbigen sind im Gewühl schlechter wieder zu finden. Ungern aber doch, werfe ich leider mal die eine oder andere schüchternfarbige mit auf die Grünecke, natürlich am schnellsten die tarnfarbige Grüne.

Bei der **Amboss-Schere** schneidet eine scharfe Klinge auf einen kleinen Amboss, fast ein Mini-Hackklotz. Sie eignet sich für kraftvollere Schnitte, z. B. an Gehölzen.

Schlank und leicht ist meine spitze **Gartenschere**, ein Scherchen mit schmalen, spitzen Schneidblättern. Diese lassen sich gut durch Stängelgewusel führen, um den einen oder an-

Gartengeräte fürs Grobe: Rechen, Spaten, Weed Slicer, Sauzahn, Grabegabel und Schubkarre.

deren Stiel mit Verblühtem gezielt abzuschneiden. Schön zu haben sind alle drei, aber am Anfang reicht eine für fast alles: die Bypass-Schere.

Sind Gehölze bereits recht kräftig gewuchert oder verwachsen, können sie nur noch von einer **Baumschere** bezwungen werden. Baumscheren haben lange Griffe für eine Hebelwirkung, die meisten unter ihnen zusätzlich eine eingebaute Übersetzung für die Hebelkraft. Wenn die Äste noch dicker geworden sind, hilft die Baumsäge. Die gibt's schön scharf in die Hand oder motorisiert mit Akku, sogar mit Stiel zum Verlängern.

Ist die Hecke gescheit gewachsen oder lange nicht mehr geschnitten worden, schafft eine **Heckenschere** den Schnitt, in umfangreicheren Fällen besser motorisiert.

Eine **kleine Schere** dient zum Schneiden von Bindefäden oder Bast, **Cutter** sind nützlich zum Aufschneiden von Blumenerdetüten und Ähnlichem. Ein **Wetzstein** schärft Sense, Sicheln, Messer oder auch Schneideklingen von Gartenscheren. Das große alte **Messer** hilft beim Austopfen von stark eingewurzelten, großen Kübelpflanzen. Damit fahre ich am Kübelrand entlang und trenne die Wurzeln ab.

Meine Basisgeräte

Diese größeren Utensilien habe ich zu Beginn meiner Garten-Laufbahn angeschafft, viel mehr benutze ich nach wie vor nicht.

Laubrechen aus Kunststoff, leicht im Gewicht und elastisch. Er kratzt jedes Blatt ohne Verheddern zusammen, mir persönlich lieber als jeder Metallrechen, sogar das Rechengeräusch gefällt mir besser.

Eine **Grabegabel** löst den Oberboden schonender als ein Spaten. Sie ist leichter in Lehm zu kriegen als der Spaten, verletzt weniger Wurzeln, Regenwürmer oder Larven im Boden.

Robuster Spaten. Liegt gut in der Hand, dient mir zum Löcher buddeln, wenn ich Stützen einbetonieren muss oder größere Pflanzen in die Erde setze. Umgegraben habe ich früher und anfangs in der Baggerwüste im unteren Garten. Da wusste ich noch nicht, dass ich es mir sparen kann, wenn ich mulche (→ S. 113).

Schubkarre für sowieso alles. Ein Gewebeklebeband liegt immer auf der Karre, für alle leichten Reparatur-Notfälle.

Mein Brite unter meinen sehr nützlichen Geräten: **»The Weed Slice – eine Unkrautharke oder -scheibe«**, die meine Splittflächen im

Handumdrehen von allen Sämlingen befreit, die ich nicht bewahren oder in die Beete übernehmen möchte. Ich suche mir für diese Arbeit heiße, sonnige Tage aus. Das Gerät schneidet beim Hin- und beim Herziehen die Wurzeln der Kräuter ab, so dass ich zum Entkrauten nur die halbe Zeit benötige.

Der **Sauzahn** lockert dichte Böden auf, ohne sie umzuwälzen. Mit seiner schmalen Gestalt taugt er dafür, in Beeten zwischen den Pflanzen ohne große Wurzelschädigung die Erde aufzulockern. Allein der Name macht mir Spaß!

Mit der **Harke** lockere ich und harke Erde fein krümelig, sie dient ebenso zum Entmoosen und Entfilzen eines Rasens.

MEIN TIPP: Der Weed Slicer
Meine Terrasse und die Splitt- und Schotterflächen befreie ich mit dem Weed Slicer von Wildkräutern. Da das Werkzeug auf beiden Seiten Schneideflächen besitzt, holt es bei jeder Bewegung doppelt schnell das Kraut heraus. Größere Pflanzen sammle ich auf, Wurzelreste, kleine Pflanzen und Teile bleiben einfach liegen und vertrocknen bei heißem, sonnigem Wetter schnell.

Die Crux mit der Schubkarre

Regelmäßig alle zwei Jahre ärgere ich mich. Über mich. Der Reifen meiner Schubkarre ist platt, kompliziert aufzupumpen und drei Tage später wieder platt. Als positiver Mensch orientiere ich mich an der »Karkasse«, der Wanne, nur wenig zerbeult und, wie das Chassis, perfekt arbeitsfähig. Die Griffbezüge habe ich schon lange mit Gewebeklebeband fixiert, weil sie nach einer Weile anfingen abzurutschen, wenn's mit Last bergab ging. Das hält gut, muss immer mal erneuert werden, kostet fast nix, geht fix. Wegwerfen ist mir deshalb keine Überlegung wert. Einzig brauche ich einen neuen Reifen, der Gummimantel ist porös, vermutlich der innen liegende Schlauch ebenso.

Die Beschaffung eines neuen Reifens erforderte beim ersten Mal meine ganze Kraft und lockte meine Widerspenstigkeit heraus: Im Baumarkt wurde mir freundlich angetragen, eine komplett neue Schubkarre zu erwerben. Ja, super Idee! Für den Baumarkt. Nur weil es das passende Rad nicht mehr gab! Nach zwei Jahren bereits! Nun, es gab einen Kompromiss, mir wurde nach Verhandlungen eine neue Achse und ein neues Rad inclusive Schlauch empfohlen. Dieser Empfehlung schloss ich mich mit deutlichem Murren an, was auch nicht sehr viel weiter half. Für mein Modell gab es leider keinen Vollgummireifen.

Was lerne ich wieder einmal daraus? Vor größeren Anschaffungen im Garten informie-

Immer zur Hand: mein Henkeleimer und der große reißfeste Grüngutsack.

ren, detailliert recherchieren, ausrechnen auf Lebensdauer und dann entscheiden, ob der höhere Anschaffungspreis nicht auf lange Sicht das Richtige ist. So werde ich mich im Frühling bei einem anderen Thema dazu durchringen, mir Gartenschlauchverbinder, -verteilerstücke und Adapter aus Messing zu leisten. Zuerst wünsche ich sie mir aber mal zu Weihnachten, manchmal hilft das ja!

Eimer werden immer gebraucht

Wohin mit Schnittgut, Resten von Pflanzen, von deren Wucherungen ich zartere Nachbarn befreit habe? Direkt an meiner Seite habe ich dafür einen Eimer, den ich immer wieder in einen größeren, reißfesten Grüngutsack ausleere. Der ist leicht, lässt sich voll beladen am Griff bestens über den Boden ziehen und nach getaner Tat zusammengefaltet wegräumen. Der Eimer fasst 10 l und tut universelle Dienste für: Schnittgut, Wildkrautreste, Wasser zum frisch gekaufte Töpfe einweichen vor dem Umpflanzen, Blumenerde beim Pflanzloch bereit halten, Blumenerde mit Sand mischen, Fallobst aufsammeln, und vieles mehr. Nach und nach wurden es mehrere, das ist nützlich.

Bewässerungs-Equipment

Gießwasser soll vom Hahn an die richtigen Wurzeln. Ersthelferlein ist eine Gießkanne. Zwei davon sind besser, mit der Zeit werden es meist mehr, weil's praktisch ist. Nach 30 Jahren sind es bei mir viele Gießkannen geworden, an jeder Regentonne, jedem Wasserfass, jedem Wasserhahn im Garten verstreut. Manche erfüllen gleich mehrere Aufgaben, viele bunkern nur Gießwasser. Oft leeren die Baumärkte im Spätsommer ihre Lager und du kannst z.B. Gießkannen zum günstigen Preis erwerben.

Auf dem Bild oben rechts sind meine Alltagsbegleiter (von links nach rechts) abgebildet:

Eine Gummi-Ballbrause zum schonenden Gießen von Sämlingen, dahinter die 3-Liter-Alu-Gießkanne mit Brausekopf und gebogenem Ausgießer, vorne eine Gießkanne mit langem Ausgießer zum gezielten Gießen von weiter entfernten Töpfen oder Töpfen mit voluminösem Geäst, dahinter 5-Liter-Gießkanne, Alu, mit klappbarem Obergriff, passt dadurch gut in kleinere Gefäße zum Wasser entnehmen, vorne 2,5-Liter-Kunststoff-Gießkan-

Kann man nie genug haben: Meine Gießkannensammlung wächst von Jahr zu Jahr.

ne, ich nehme sie zum Abmessen von Dünger und für Töpfe im Zimmer, vorne ganz rechts, meine teuerste, in Frankreich antik gekaufte, schwere Alugießkanne mit ollem Gießkopf, fällt wenigstens bei Sturm nicht um. Aber schon ohne Wasser sauschwer, war völliger Blödsinn, aber ich sehe sie so gerne im Garten rumstehen. Dahinter eine 14-Liter-Kunststoff-Gießkanne mit praktischer Halterung für den Gießkopf.

Das mit dem Gießkannenschleppen ist manchmal echt anstrengend. Das Gießen mit dem Gartenschlauch ist dagegen wesentlich komfortabler, habe ich bald erkannt. Steigerung dazu ist der Gießstab! Er erlaubt es, in eleganter Haltung alle Töpfe zu erreichen. Der Gießkopf ist auf verschiedene Wasserstrahlarten einstellbar. Irgendwann kam ein Flächenregner dazu. Ich brauchte ihn, als der Rasen frisch angesät war, jetzt nur noch selten bei Neugepflanztem.

Mit der Zeit wurden es mehrere Wasserschläuche, wie bei den Gießkannen. Auch diese habe ich über einen langen Zeitraum angesammelt. Als Abschluss gab's den Schlauchwagen. Und spätestens im nächsten Frühling erwerbe ich Gartenschlauch-Verbinder, -Verteilerstücke und -Adapter aus Messing! Bis dahin müssen die günstigeren Kunststoffteile es noch tun. Spätestens wenn sie etwas Frost erwischt haben, fangen sie an zu tropfen. So brauche ich jährlich neue. Das summiert sich, ist reine Verschwendung und unter dem Strich teurer.

Das Carport-Gartenhaus ist schon bald eingewachsen.

GERÄTESCHUPPEN & GARTENHÄUSER

Rasenmäher, Schubkarre, Gartengeräte, Kinderspielzeug und viel mehr brauchen ein Dach über dem Kopf.

Das Wort Garage kommt aus dem Französischen von »garer«, in Sicherheit bringen. Guter Anfang! Doch seltsamerweise plustern sich Gartengeräte wie Kinderspielzeug mit der Zeit und an der Zahl auf und brauchen mehr Platz, als es ihn in der Garage gibt. Eine Hütte, ein Häuschen, ein Schuppen im Garten kann die Lösung herbeizaubern. Plötzlich wird mit einem Unterschlupf für sich allein der Garten erwachsen. Geräte, Werkzeuge, Spielsachen finden ihren eigenen Platz und ich sie schnell wieder. Unterschätz' diese Ordnung nicht, sie ist Gold wert!

Im Winter schlüpfen Möbel unter. Ist der Schuppen geschlossen und trotzt der schlimmsten Kälte, packe ich Kübelpflanzen, die ein paar Minusgrade aushalten, warm ein und hole sie im Frühjahr mit neuen Blättchen wieder an die frische Luft. Meine Hortensien beispielsweise. Fahrräder dürfen rein, Kinderspielzeug wird beherbergt. Wäsche lässt sich drunter trocknen. Ohne ein eigenes Dach im Garten geht's eigentlich auf die Dauer nicht.

Carport spart Kosten

Die angebotenen Gartenhausmodelle sind unzählbar, waren für mich nicht erschwinglich, so sehr sie mich lockten und mir gefielen. Sogar ein Fertigbausatz zum selber Zusammenbauen sprengte immer noch deutlich mein Budget. Plötzlich entdeckte ich das Sonderangebot eines Carports im Baumarkt und das war's dann. Der bot viel Platz, ca. 3 × 6 m, und ich konnte mir sogar noch einen Schreiner leisten, der ihn mir aufbaute. Wir konnten ihn an die große Betonwand andocken. Die Grundplatte aus Beton hatte ich vorausschauenderweise bereits mit der Betonwand fertigen lassen. Die war jetzt zu kurz für den langen Carport, aber mein prima Splitt tut auch hier seinen Dienst.

Toll ist außerdem das durchsichtige Dach vom Carport. So kann ich im Tageslicht umtopfen, Sämlinge wachsen lassen. Meine Utensilien, Geräte, Werkzeuge finde ich ohne Licht. So konnte ich mir sparen, Strom hinzulegen.

Geschützt ist mein Kram durch die hintere Betonmauer, das würde jede Hauswand auch tun. Wir haben ihm auf der Wetterseite trotzdem noch eine Seitenwand gegeben. Aus Holz, dann teilweise verputzt. Sofort wurde es wohnlich und wetterunabhängiger. Also mussten Tisch und Stühle hin und das erste Regal. Der erste Cappucchino unter Dach mit Blick auf den Garten schmeckt unvergleichlich! Wieder ein Ort zum Schmieden neuer Ideen.

Schnell zog ein, was im Garten zur Hand sein soll. Natürlich wieder mal mehr. Mein uralter Küchenschrank, unverzichtbar: Hier bleiben Dünger, Windlichter und so weiter spinnwebfrei.

Ein Carport-Bausatz als Gartenhaus …

… ist im Handumdrehen aufgebaut.

Ordentlich aufbewahrte Werkzeuge und Gartenutensilien sind immer schnell griffbereit.

Ordnung, Ordnung, liebe sie!

Für die Kleinteile kam mir mein altes Tellerregal gelegen, wie Teller hält es Untersetzer und noch mehr Kleinteiliges griffbereit.

Der Tisch, der schon viele meiner Umzüge mitgemacht hat, ist jetzt mein Platz zum Umtopfen, Aussäen. Elsässer Holzschuhe stehen drauf und reichen mir Bast und Bindefäden. Meine Gießkannenköpfe versammeln sich in einer Salatkiste. Ein einziger Platz für alle ist gut, beim Gießen brauche ich sie nicht jedes Mal. So kann ich sie bei Bedarf rasch greifen, weil ich weiß, wo im Regal die Sammlung darauf wartet.

Blumentöpfe aus Ton benutze ich immer und immer wieder und am liebsten. Weil sie nicht billig sind, horte ich sie. Sie lassen etwas Luft an die Wurzeln und heizen sich nicht so auf wie Kunststofftöpfe. Außerdem schmeicheln sie meinen Augen. Ich stapele sie griffbereit, auch angeschlagen oder mit Relief in allen Größen. Haben sie Risse, flicke ich sie mit dünnem Draht. Geht auch das nicht mehr, schlage ich sie zu Scherben, die übers Abzugsloch gelegt, in Blumentöpfen den Wasserabfluss garantieren.

Eine olle Garderobe vom Flohmarkt habe ich an die Schuppenwand geschraubt. Das ist meine Werkzeugwand, aber ohne Lochblech und aufgezeichnete Umrisse. Übersichtlich und griffbereit, fallen mir von hier meine meist benutzten Garten-Werkzeuge in die Hand und dann wieder bestens an ihren Platz zurück.

Die Remise

Remise kommt von »remettre« und bedeutet, dass man alles wieder reinstellt. Da hier die wertvolleren Sachen reinsollten, fand ich das für mein geschlossenes Lager angemessen. Ich fand einen zweiten günstigen Carport. Damit hatten wir schon Übung. Hier gab es noch kein Betonfundament, so ließ ich dafür ein sparsameres Streifenfundament ausbaggern und den Aushub gleich als Beetunterlage verteilen. Festgeworden erhielt das Ganze Dachpappe und eine Kunststoffplane. Die gesamte Grube haben wir bündig mit Schotter aufgefüllt. Die Grundlage für die Balken, die den Fußboden halten. Die Fußbodenbretter wurden auf die Bodenbalken geschraubt. Es sind gehobelte Baubohlen. Das Gerippe für Dach, Türen und Fenster, als Ständerkonstruktion sozusagen, wurde wieder, wie beim Schuppen, an die Betonwand geschraubt.

Als das Gerippe stand, war Schreinerkunst dran: Er passte eine große Holztür aus einem Abbruchhaus ein und kleine Fenster, also eigentlich meine ehemaligen Schlafzimmerfenster aus bestem Eichenholz, die ersetzt wurden. Die Tür mit den Sprossenfenstern habe ich vor allen anderen Interessenten vom Sperrmüll retten können. Damit die Remise ein wenig isoliert ist, haben wir als Wandbauelemente gehobelte, 2,5 cm dicke Bohlen genommen. Zwei Jahre ließ ich die Bohlen durchtrocknen, dadurch hatten sich zwischen den Bohlen Spalten gebildet, die ich mit aufgeschraubten Dachlatten leicht schließen konnte. Mit Erfolg: Winter-Mäuse kommen nicht hinein.

Genial: Meine Gartengeräte hängen an einer alten Garderobe. Sieht gut aus und ist mega-praktisch.

MEIN TIPP: Holzbackofentraum
Solltest du dir einen Holz-Backofen mit Grill wünschen, den selbst bauen können und sollte es die Gelegenheit geben, alte Backsteine günstig von einem Abbruch zu bekommen: Greif zu! Die Erfüllung deines Wunsches kann so ohne allzu hohe Ausgaben näher rücken. Alter Mörtel muss von den Backsteinen geklopft werden und das Innenleben gibt es als Bausatz.

Nach weiteren zwei Jahren gefiel mir die gelbe Farbe des Holzes gar nicht mehr. Eigentlich dachte ich, es wird schön silbrig. Leider nicht, da es mit Holzschutzmitteln behandelt worden war. Also bekamen Schuppen und Remise einen Anstrich mit grauer Holzlasur.

Es geht nicht mehr ohne: Im Gartentagebuch halte ich alles fest.

MEIN GARTENTAGEBUCH

Ein Gartentagebuch? Ja! Notizen sind wirklich wichtig und ein tolles Rüstzeug zum Weitermachen.

Als mir eine erfahrene Gartenjournalistin vorschlug, ein Gartentagebuch zu führen, empfand ich das erst mal als Zumutung. Ich wollte doch Spaß haben in und mit meinem Garten und nicht ständig irgendwas notieren müssen! Mittlerweile sieht es so aus: Ohne Notizen in meinen inzwischen zwei großen, fast gefüllten Gartentagebüchern würde ich gar nicht mehr gärtnern wollen. Ja, manchmal finde ich es lästig, wenn ich vom Ackern im Garten müde bin, es dann noch aufzuschreiben, später bin ich froh drüber. Mach du es wie es dir gefällt! Ich erzähle dir, was ich dort alles sammle und reinschreibe, nimm es als Idee.

Wer schreibt, der bleibt

Vorsichtig habe ich damit angefangen und eingetragen, wann ich welche Pflanze wo gepflanzt habe. Wie sie heißt. Wie es dem alten Kirschbaum geht. Wen ich wann gedüngt, geschnitten habe, z.B. meinen Weinstock, die Rosen, die Clematis. Wie lange das gedauert hat. Plötzlich habe ich entdeckt, dass mir das Buch lauter leere Seiten zum Einkleben bietet. Also klebte ich hinein: die Schildchen von gepflanzten Pflanzen und was ich dafür bezahlt hatte. Toll, in den kurzen Beschreibungen nachschauen zu können, was sie wirklich brauchen und ob ich ihnen ihre Wünsche erfüllt habe. Oder, weil ich es ignoriert habe, sie deshalb nicht wachsen. Ob ich sie daraufhin doch an die Stelle umpflanzen soll, die sie eher mögen.

Wunderbar ist, die genauen Namen nachschlagen zu können, auch die lateinischen. Die lateinischen Namen bezeichnen mir exakt die Spezies. Was mir wiederum erlaubt, genaue Charaktereigenschaften und Bedürfnisse zu erfahren. Bei guten Staudengärtnereien findest du unglaublich genaue Angaben auch im Internet. Konkrete Pflanzanleitungen, die Staudengärtner mit den Pflanzen mitschicken, halte ich so fest. Auch Ideen, die mir im Garteneck der Tageszeitung, in Garten-Magazinen, auf Flyern von Gartencentern gefallen und die ich nochmal in Augenschein nehmen will, klebe ich hinein. Vergesse ich sonst sofort wieder.

Neue Projekte planen

Meine Bücher sind kariert. Die Karos helfen mir Ordnung in den Notizen zu halten, Maße einzuschätzen und zu skizzieren. Ob es ein Häuschen für den Kater, ein neuer Sichtschutz oder meine neue Blumenwiese ist. Wen ich um Hilfe fragen will, wird notiert. Beim Bau, beim Pflanzen, beim Umsetzen der Projekte. Das Karo bringt Ordnung ins Chaos. Wie viel ich von welchem Material brauche, notiere ich nach dem Rechnen in die Karos. Welche Firma liefert was? Wird im Buch festgehalten, wenn ich's rausgefunden habe. Mit Telefonnummer. Wer

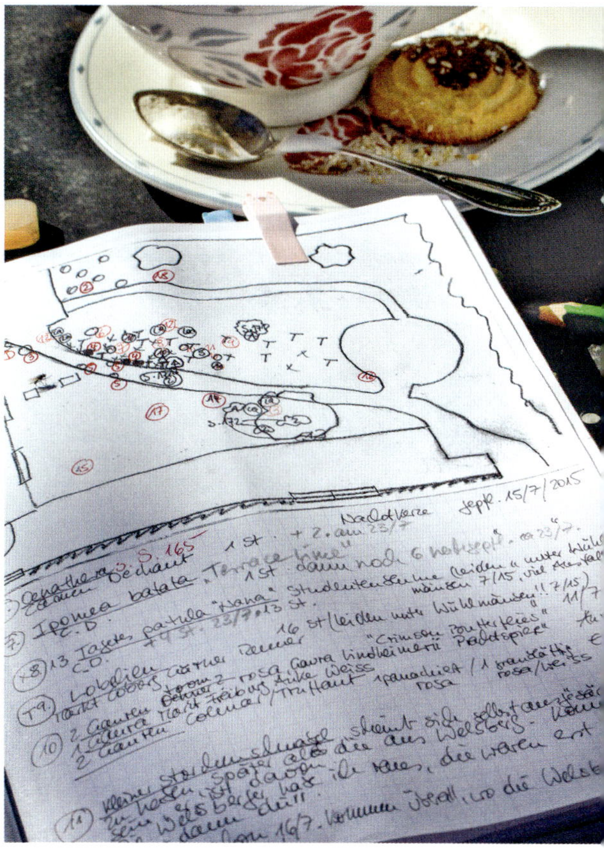

Ich bin ein visueller Mensch und setze meine Ideen erst einmal auf Papier um.

Wer klebt, vergisst nichts. Mein Gartentagebuch ist zu einem veritablen Nachschlagewerk geworden.

hat in meinem Garten was gebaut, gepflanzt, gebaggert? Im Buch steht's, mit Telefonnummer. Gut zu haben, wenn ich was nachfragen will oder wieder etwas brauche.

Pflanzen und Erfolge ernten

Irgendwann fand ich raus, dass es praktisch ist, einfach das Beet ins Buch zu zeichnen. Einmal reicht, dann tun's Fotokopien davon. Diese Vorlage erlaubt mir, genau, schnell und immer wieder einzutragen, welche Pflanze wo und wie oft von mir gepflanzt wurde. Schaue ich Jahre später nach, sehe ich leider auch, was eingegangen ist und wie viel Geld ich in meinem Garten schon versenkt habe. Wird notiert und nicht wieder gepflanzt. Nun, aus Fehlern lerne ich ja, sagt man mir. Also hat es sein sehr Gutes!

Vieles halte ich mit Fotos fest. Zuweilen drucke ich sie auch aus und klebe sie ein. Ja, altertümlich, aber für mich lohnt sich das! Ich sehe, was aus dem Mini-Pflänzchen, was zuerst gar nicht wachsen wollte, geworden ist. Denn den mühsamen Anfang vergesse ich glücklicherweise gerne. Das zu sehen, ist Ansporn pur. Und: Fotos vom gelungenen, blühenden Beet wärmen im Winter mein Gärtnerinnenherz, wenn ich nicht raus kann. Dann kribbelt es mir gleich in den Fingern und ich überlege, wohin ich im Frühjahr welche Schönheiten pflanzen könnte.

Monat für Monat

Irgendwann fiel mir ein, alle wiederkehrenden Arbeiten in Monatsspalten einzutragen. Eigentlich logisch. Denn: Ein Blick auf den betreffenden Monat und ich weiß, was zu tun ist. Beispielsweise im März die Eichenblätter von den Beeten holen. Sie geben den Baby-Nacktschnecken kuschelige Entwicklungshilfe. Wie auch den Eicheln, die im Blätterschutz ihre Keime in die Erde bohren und ungestört und schön geschützt zum Eichenwäldchen heranwachsen. Was mir Respekt vor der Klugheit der Natur abverlangt, aber mich in meinen Staudenbeeten in Eichenmastjahren fast zum Wahnsinn treibt. Oder: Im Juni die Buchsbaumkugeln schneiden, Gemüse und Salat nachpflanzen, die Rosen düngen.

Nachdem ich oft unendlich lange im fast 300-seitigen Buch geblättert hatte, um meine Notizen wieder zu finden, kam ich schlussendlich drauf, die Buchseiten zu nummerieren. Pflanzennamen und Themen alphabetisch mit Seitenzahl in ein formlos aufgezeichnetes A,B,C einzutragen. Das ist wirklich praktisch, denn jetzt gelingt es mir, in Windeseile zu finden, was ich nachschlagen will.

Kluge Apps und Bücher

Wenn du weniger analog denkst als ich, gibt es einige Apps, kostenlose und andere, von der Struktur her sehr verschieden. Vielleicht hast du dazu Lust, sie sind schon strukturiert, geben Anregungen, Zeitpläne zum Pflanzen, Tipps, Tricks, Terminkalender, Tabellenvordrucke und mehr. Wenn du das magst, such' dir die raus, die zu dir passt.

Wunderschöne, gebundene Blanko-Bücher werden zudem angeboten, als Heft mit Struktur und allem, also was auch eine App für dich bereithält. Zum Selbstausfüllen. Du hast nur die Qual der Wahl!

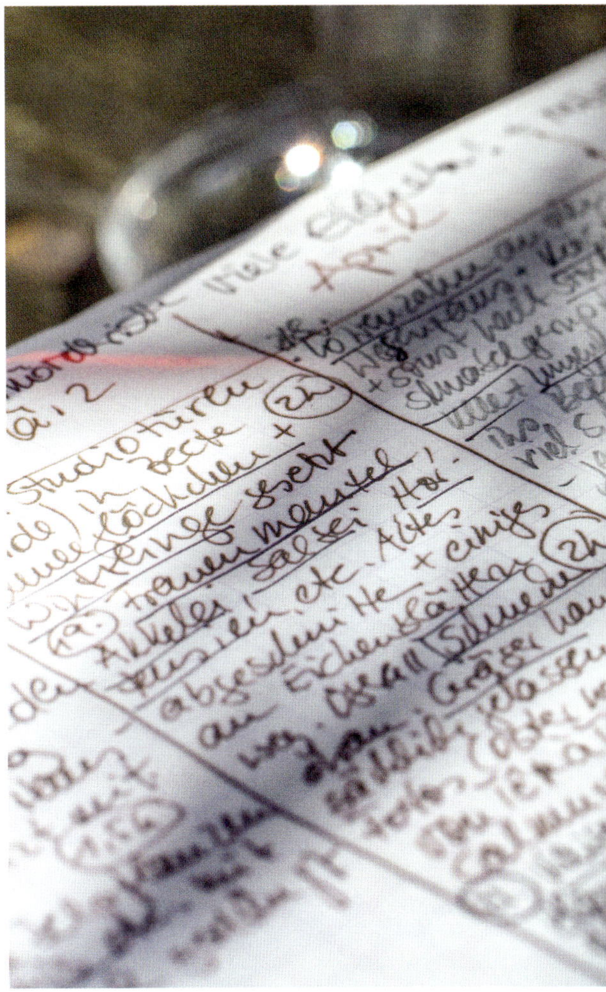

Meine Monatsübersicht erleichtert mir die Pflege enorm und spart viel Ärger im laufenden Jahr.

9

Es grünt & blüht

Wunderbar! Du bist am Anfang und hast fast alle Möglichkeiten, deinen Traumgarten anzulegen. Ich weiß, dass es genau das schwierig macht. Vorteil, keiner redet dir rein! Nachteil, ohne Nachdenken wird das nix. Und trotzdem: Müssen tust du rein gar nichts! Du kannst wachsen und sprießen lassen, wie es dir gefällt. Gefällt es dir nicht mehr, greifst du halt ein!

Ein Klassiker: Die Bauern-Pfingstrose (*Paeonia officinalis* 'Rubra plena').

WAS WILLST DU?

Die wichtigsten Fragen: Was will ich im Garten machen? Was brauche ich im Garten?

Inzwischen könntest du herausgefunden haben, welche Sorte Garten du haben willst. Nutzgarten mit Gemüsebeeten? Spielwiese für die Kinder? Hecken als Sichtschutz? Mit Blüten übersäte Staudenbeete? Wogende Zaubergräser? Von allem etwas? Du hast einen eingewachsenen, wuchernden, alten Garten?

Wenn du die Richtung hast, weißt du auch, was dich interessiert und worüber du mehr Wissen brauchst, um den ersten Schritt möglichst sinnvoll zu tun. Entscheidest du dich z. B. für einen Zierrasen, hat das Folgen, denn verschiedene Pflegearbeiten wie Rasen mähen und Düngen stehen an. Säst du einen Sport- und Spielrasen mit Kräutern und dir gefallen Gänseblümchen und Moos darin, hast du dir den Tanz ums »Goldene Kalb«, also um den toll gepflegten, englischen Rasen, schon geschenkt! Der ist viel pflegeleichter.

So ist es im Garten

Wählst du Pflanzenschätze, die du liebst und die etwas Besonderes sein sollen, tanzt du immer um sie herum. Mit einigen Lieblingen ist das zu schaffen, doch das multipliziert sich gerne. Brauchst du gesunde Beschäftigung an der frischen Luft, ist das optimal!

Mit Pflanzen, die bei dir nicht ihre optimalen Bedingungen finden, handelst du dir Arbeit und absehbar Enttäuschungen ein. Pflanzt du Kandidaten, die du in der Nachbarschaft oder deiner nahen Natur in voller Pracht erlebt hast, machen die ihren Job auch in deinem Garten ohne viel Aufhebens. Auch bei dir werden sie prachtvoll! Meistens.

Apropos Zeit! Berufsgärtner haben es im Blut, sie denken in Jahren und Jahrzehnten. Das versuchte mir mal ein befreundeter Gärtner beizubiegen. Ich brauchte lange, um eine Ahnung davon zu bekommen. In meinem Blut ist es noch immer nicht endgültig angekommen. Bin ja auch kein Berufsgärtner! Immerhin habe ich im Kopf, dass nicht nur Zeit vonnöten ist, den Garten anzulegen. Ebenso braucht er Zeit zum Anwachsen und Einwachsen. Zum sich Entwickeln, Gedeihen, um groß und größer zu werden. Das zu wissen, macht mich gelassener. Um dann plötzlich zu sehen, dass das Eine oder Andere heimlich Fahrt aufnimmt und ich völlig baff erkenne, dass die Pflanze immer wieder geschnitten werden will. Oft nach zwei, zuweilen nach fünf Jahren. Weil ich gepflanzt hatte ohne rauszufinden, dass das so kommt.

Langer Rede kurzer Sinn, fangen wir wieder am Anfang an und kommen auf den Boden. Trotzdem: kein Risiko – kein Spaß!

Wer passt zu wem im Beet? Wenn die Standortansprüche passen, heißt es: ausprobieren!

Lehmböden trocknen schnell aus. Eine Mulchschicht verhindert Verkrustungen.

AUF DEN BODEN DER TATSACHEN

Mit etwas Wissen um die Abläufe im Boden und welchen Boden Pflanzen brauchen, geht das Gärtnern leicht.

Am liebsten mögen Pflanzen einen lockeren, krümeligen Boden. So wie der Maulwurf ihn kostenlos liefert. Sind schwere Geräte, wie Bagger oder so, drübergefahren oder ist der Garten lange nicht gepflegt worden, hat jeder Boden eher eine Betonanmutung. Üblich ist also meist das Gegenteil von locker.

Da nicht nur junge Pflanzen, sondern alle, Wasser und Nährstoffe zum Wachsen brauchen, sollte der Boden ein gesundes Gleichgewicht davon haben. So weit so gut. Es gibt unzählige verschiedene Möglichkeiten, das hinzubekommen. Erst einmal solltest du rausfinden, welche Sorte Boden sich zu deinen Füßen ausbreitet, grob wird eingeteilt in Ton-, Lehm- und Sandboden. Dann, ob er trocken, frisch, feucht oder nass ist. Jetzt fehlt noch der pH-Wert, d. h. ist dein Boden eher sauer oder alkalisch? Welche Nährstoffe besitzt er? Wenn du das alles weißt, kannst du gezielt ganz viel dafür tun, deinen Boden in Richtung ideal aufzupeppen. Hört sich aufwendig an, finde ich, deshalb habe ich mir fast alles gespart und berichte dir von meiner Methode.

Bodenarten

Fast keine Bodenart existiert rein, meist sind es Mischformen, die sich weiter in die fruchtbare Richtung verbessern lassen. Zunächst aber gilt es festzustellen, um welchen Boden es sich in etwa handelt. Ungefähr die Menge eines Tischtennisballs feuchter Erde knetest du mit beiden Händen und verdichtest die Masse, indem du sie zusammendrückst. Zack ist das Ergebnis da: Ergibt sich eine schöne, glatte kleine Wurst, die nicht reißt, ist der Boden eher tonig und besser zum Töpfern als zum Gärtnern geeignet. Entsteht eine Wurst, die wegen der enthaltenen Sandkörnchen ein wenig bröselt, die auch mehlige Bodenpartikel enthält, den sogenannten Schluff, die bindig und formbar, beim Rollen aber schnell rissig wird, ist deine Scholle überwiegend lehmig. Das ist gut, denn solche Böden sind durchlässig, können Feuchtigkeit speichern und sind gut zu bearbeiten. Bröckelt oder rieselt dein Konstrukt und du kannst gar keine Kugel formen, ist sie überwiegend körnig, baust du auf Sand. Wenn du mehr Infos brauchst, nimm ein bisschen Geld in die Hand und schicke einige Bodenproben in ein spezielles Bodenuntersuchungslabor (→ S. 150).

Schwerer Tonboden nimmt mit beigefügtem Sand mehr Wasser auf und wird durchlässiger. Jedes Mal beim Pflanzen gebe ich bei meinem Boden in das Pflanzloch und um es her-

Feinkrümelige Erde von Maulwurfshügeln eignet sich ideal zur Anzucht von Blumen und Gemüse.

Je nach Bodenart kann der Boden mit Sand, Kompost oder Gründüngung verbessert werden.

um Sand dazu. Außerdem hebe ich das Pflanzloch weiter aus, als der zu pflanzende Wurzelstock ist, fülle an die Seiten rundherum fertige Blumenerde und setze die Pflanzen ein.

Auch Sandboden ist durchaus verbesserbar, mit reifem Kompost, mit Laub (keine Eichen- oder Walnussblätter, sind sauer), Gründünger, Gesteinsmehl (z. B. Betonit), Heu- und Stroh-Mulch.

Der pH-Wert

Pflanzen haben ihre eigenen Ansprüche an den pH-Wert. Ist es der richtige, können sie dadurch optimal Nährstoffe aus dem Boden aufnehmen, ihr Wurzelwachstum und die Zellvermehrung wird gefördert. Kostenlos kannst du den pH-Wert an sogenannten Zeigerpflanzen ablesen: Sauerampfer, Ackerschachtelhalm, Stiefmütterchen zeigen kalkarmen und eher sauren Boden, der pH-Wert liegt unter 6,5. Wachsen Ackerwinde, Vogelmiere und Ackersenf, ist der Boden eher kalkreich und basisch, der pH-Wert liegt dann über 7,5. Der perfekt neutrale Boden hat einen pH-Wert zwischen 6,5 und 7,5. Willst du das genau wissen, kauf dir ein Test-Set, dann bist du ganz sicher.

Einzigartig: Mulch

Mein Zauberallheilmittel für all diese komplexen Verhältnisse ist Mulch (→ S. 113). Da ich sowieso alle Neulinge beim Pflanzen ins Beet in eine fertige Blumenerdenhülle bette, haben die Wurzeln es schon mal leichter, Fuß zu fassen. Sie müssen sich dann nur erst mal vom Umpflanzschock erholen, können die neuen Wurzeln in neutrale Blumenerde strecken und stärken sich damit beim Anwachsen. Wenn sie auf den Umgebungsboden stoßen, können sie diese Aufgabe gestärkt angehen. Weil ich anfangs viele Pflanzen in die Beete setze, fülle ich relativ viel fertige Blumenerde – natürlich torffrei – in die Beete. Damit verändere ich den Boden im Verhältnis zum Besseren.

Aber jetzt kommt's: In die Zwischenräume zwischen den Pflanzen bette ich ca. 10 cm hoch trockenes Heu. Das macht den Unterschied:

- → Das Heu verhindert, dass das Gießwasser allzu schnell verdunstet.
- → Es hält die Zwischenräume wildkrautfrei. Das bedeutet, die Setzlinge haben keine Konkurrenz und ich muss nix jäten.
- → Jeder Boden besitzt im oberen, etwa 35 cm hohen, Bereich viele Organismen, also

kleinste und größere Lebewesen, die in einem Ab- und Aufbauprozess fleißig vor sich hinarbeiten. Diese Mikroorganismen lieben Heumulch. Er hält die Erde feucht und sorgt so dafür, dass sie das Heu zersetzen können und Humus entsteht.

Als Nichtberufsgärtner kann ich das nur so einfach erklären, aber diesen Vorgang verfolge ich seit Jahren und profitiere seitdem vom Ergebnis. Heu ersetze ich einmal im Jahr, weil es durch die »Zerfressung« noch schneller vergeht als Stroh.

MEIN TIPP: Mulchen mit Stroh und Heu

Der Clou: Decke ich freien Boden mit einer 20 cm dicken Strohschicht ab, spare ich mir inzwischen selbst bei neuen Beeten das Umgraben und zerstöre dadurch diese wertvolle Oberschicht nicht. Stattdessen mache ich mir sie zunutze. Kostet nur Stroh oder Heu, macht wenig Arbeit: braucht wieder mal die berühmte »Garten-Zeit«.

Stroh vergeht viel langsamer als Heu, bei Lehmboden braucht es mindestens zwei Jahre, bis ich pflanzen kann. Also verwende ich an den Stellen Stroh, die Zeit haben und die ich nicht immer vor Augen habe.

In anderen Bereichen ist Heu besser. Heu passt sich in der Farbe schnell an und sieht zwischen Neupflanzungen bald nicht mehr fremd aus. Stroh schon, es ist gelb und leuchtet.

Kleinere Mengen Heu bekommt man notfalls als Kaninchenfutter in Tierbedarfsgeschäften. Sinnvoller und wesentlich preiswerter ist es, einen Landwirt in der Nähe auszumachen, der Stroh- und Heuballen produziert. Beim Spazieren gehen bekommt man zuweilen nützliche Hinweise, man kann außerdem in Reitställen fragen und Kleinanzeigen checken. Zusatznutzen: Die Katze hat ein gemütliches Bett im Beet, von wo aus sie Wühlmäuse erlegen kann!

Wenn die Pflanzen zum Standort passen, gedeihen sie prächtig und blühen üppig.

PFLANZEN PFLANZEN

Jetzt kannst du richtig loslegen und Pflanzen aussuchen. Doch woher nehmen und wo finden?

Die Infos, um deine Lieblingspflanzen für den eigenen Garten zu finden, sind hilfreich und wichtig, aber zahlreich und anfangs verwirrend: Beschreibung der Eigenschaften, Wuchs, Wuchshöhe und Wuchsbreite, Lichtansprüche, Blütenfarbe, -form und -größe, Blütezeit, Blattform, Herbstfärbung, Früchte, Windresistenz, Überflutungstoleranz, Bodenansprüche, Wurzelsystem, wurzelnackt, Ballen- oder Containerware, Standortansprüche, Lebensbereich, Winterhärtezone, Giftigkeit, Pflanzabstand, Geselligkeit, Schneckenfraß, Wintergrün, Familie, Solitäre, Pflanzpartner. Puh, da raucht schon mal der Kopf.

Entscheidungsfindung

Für mich habe ich von Anfang an den Spieß umgedreht. Ich hatte Lieblinge im Kopf, die ich in meinen Garten pflanzen wollte. Also habe ich nachgeschlagen und im Netz recherchiert, ob genau diese in meinem Boden und bei den Lichtverhältnissen wachsen würden. Wenn »ja«, fein. Dann bin ich los zu einer Baumschule, Staudengärtnerei, weil deren Kenntnisse mit nichts aufzuwiegen sind. Genau dafür gibt es sie. Sie haben ihre Leidenschaft für Pflanzen zu ihrer Herzensangelegenheit gemacht, zumindest fast alle. Ihre Erfahrung und die Beratungen, die gute Gärtnereien geben, sind Gold wert. (Empfehlenswert ist das Buch »Gärtnerinnen und Gärtner«, siehe Anhang Seite S. 153) Erst danach habe ich gekauft oder bestellt.

Wenn ich ganz genau weiß, was ich will und was bei mir sicher wächst, finde ich so manches auch bei einer Pflanzentauschbörse in der Nachbarschaft kostenlos. Das ist gut, da kann ich den Spender befragen, wie er in seinem Garten arbeitet und warum er die Pflanze übrig hat. So kann ich mich auch darauf einstellen, dass sie sich eventuell schnell ausbreitet. Wenn ich das will, ist das ja wunderbar! Denn ist die Pflanzentauschbörse in der Nähe meines Gartens, ist die Möglichkeit hoch, dass die Spendergärten ähnliche Bodenverhältnisse bieten wie meiner. Kann, aber muss nicht, wie immer im Garten. Macht auch nix, dann kann ich voraussichtlich bald Kandidaten zurückgeben.

Entdecke ich meine Wunschkandidaten auf dem Wochenmarkt, in einem Gartencenter oder einem Baumarkt, bin ich trotz allem zurückhaltend. Oft sind diese Pflanzen unter Folie mit Mineraldünger hochgezogen und mit Pestiziden »gesund« gehalten. Das bedeutet, sie sind nicht an frische, kernige Gartenluft gewöhnt und schwächeln, wenn sie in dieser anwachsen sollen. Im schlimmsten Fall gehen sie ein. Mit bloßem Auge nicht zu erkennen, sind eventuelle Pestizidrückstände, die Insekten schaden können. Wenn »nein«, suche ich so lange, bis ich etwas Ähnliches gefunden habe. Etwas, was zu meinem Standortangebot passt. Auch hier lasse ich mich fast immer beraten, wenigstens lese ich nach.

Ich gebe zu, dass ich trotz »nein« zuweilen meinem Dickkopf nachgebe und schöne, arme Gewächse in den Garten hole. Natürlich geht »der Tanz ums goldene Kalb« los und fast immer schwindet das arme Pflänzlein dann doch früher oder später dahin. Beth Chatto, verehrte englische Gärtnerin, hat das knackig auf den Punkt gebracht: »Right plant, right place«.

Der rote Faden

Um bei all dem wieder den roten Faden zu finden, finde ich es am besten, zu sortieren und zu unterscheiden, welche Pflanzen die Ersten in meinem Garten werden sollen. Von groß nach klein, denn die größten brauchen am längsten um sich zu entwickeln.

Bäume und Sträucher

Beste Pflanzzeit für Gehölze ist der Herbst, von Ende September bis Dezember, wenn der Boden noch einigermaßen warm ist. So haben die Bäume und Sträucher genug Zeit, neue Wurzeln zu bilden. Oft haben sie dann schon keine Blätter mehr und können so ihre ganze Energie

Eine Zier-Pflaume als Hausbaum, Prunus 'Accolade' als Hausbaum. Üppigste Blüten und bunt im Herbst. Was will man mehr?

in die Wurzelbildung schicken. Möglich ist auch die Pflanzung von Anfang März bis Ende April, doch sollte der Boden nicht mehr frostig und nicht zu nass sein.

Mein Hausbaum

Mir ist der Hausbaum ganz wichtig, denn als Solitär dominiert er meist als einzelnes Exemplar eine Bepflanzung. Oft ist es der erste, der gepflanzt wird. Ich habe mir viel Mühe gegeben, um mir vorzustellen, wie groß er werden wird in fünf, zehn, 30 Jahren. Eine echte Herausforderung, aber sinnvoll. Ich habe einen großen Stock so lange auf dem Gelände von rechts nach links »gepflanzt«, bis ich mir sicher war, hier wird der Baum auch größer noch gut aussehen. Auch wenn er auf Beete, Hauswände oder Fenster Schatten werfen wird. Zum Schluss war ich mir sicher mit dem Pflanzort, konnte mir gut vorstellen, dass dadurch ein Kleinklima entsteht, das hilft, Feuchtigkeit zu bewahren und es im Schatten nicht zu heiß werden lässt. Um diesen Schatten ein wenig zu imitieren, diente mir ein Sonnenschirm.

Egal wie groß das wichtige Prachtstück ist, einmal am seinem endgültigen Platz, gibt er mit seiner Höhe sofort ein neues Raum- und mir ein großes Glückgefühl, sobald Vögel darin herumturnen.

Welcher Baum und wie groß?

Um späterem Ärger vorzubeugen, ist es bei Bäumen besonders klug, die endgültigen Ausmaße üppig einzuschätzen und dabei an den Nachbarn zu denken. Es gibt genaue Vorschriften, wie nah ein Baum oder eine Hecke an das Nachbargrundstück gepflanzt werden darf. Das ist in jedem Bundesland ein wenig anders, ein Anruf bei der Heimatgemeinde gibt verlässlichen Aufschluss.

Die Auswahl des richtigen Baumes ist übrigens ein anstrengendes Vergnügen. Wieder helfen hier die genauen Infos der Baumschulen. Denn die Höhe des Stamms, Breite der Krone, der Wurzel sind entscheidende Kriterien. Welche Kronenform er haben soll, wie die Blätter aussehen sollen. Soll er Blüten haben, soll er duften? Wie groß darf er werden, habe ich ausreichend Platz dafür?

Große herzförmige Blätter, die dicht wachsen und nicht viel Licht durchlassen, hat beispielsweise der Trompetenbaum (*Catalpa*). Die meisten Vogelbeeren (*Sorbus*) besitzen gefiedertes, zierliches Laub durch das die Sonne glitzert. Beide und viele andere gibt es in ganz verschiedenen Gestalten.

Und dann wieder die Fragen:

- Muss er jedes Jahr geschnitten werden? Macht Arbeit, lohnt sich aber bei manchen Arten.
- Welcher Baum wird gar nicht erst riesig?
- Welche Blätter? Große Blätter sind im Herbst schnell zusammengekehrt und als Mulch auf die Baumscheibe gelegt. Viele kleine Blättchen verteilen sich eher überall und sind schwieriger einzufangen.
- Soll es ein Obstbaum sein? Dann gibt es Früchte, hurra, und eine Ernte, die vielleicht nicht immer zum richtigen Zeitpunkt am Baum erscheint. Könnte matschig werden und unwillkommen sein.

Kaufoptionen

Ein junger Baum ist am günstigsten, wachsen wird er. Baumschulen bieten auch erwachsene Exemplare an, dafür ist aber ein Lottogewinn erforderlich und wer gewinnt schon im Lotto? Außerdem erlebst du beim Kauf eines Jungbaums wie er wächst, vorausgesetzt, du kümmerst dich um ihn. Mindestens die ersten zwei Jahre braucht er besondere Unterstützung, sprich: oft Wasser und Beobachtung. Es liegt nicht an einem Daumen, der irgendwie grün ist, dass Pflanzen gedeihen. Sondern bei mir daran, dass ich spätestens beim Gießen die Kandidaten genau anschaue und frage: »Und, wie geht es dir heute?«

Günstig ist auch wurzelnackte Ware. Pflanzen ohne Erde, nur blanke Wurzeln. Im Herbst gerodet, werden sie eingelagert und müssen eine Weile ohne Erdballen, d. h. ohne Ernährung durchhalten. Die Wurzelnackten pflanzt man am besten im Spätherbst, sie wachsen aber normalerweise verlässlich an.

Hecken sind toll

Hecken liebe ich. Sie schaffen Gartenraum mit heimlichen Plätzen und Wegen. An die Seiten des Grundstücks gesetzt oder an einem Weg entlang führend, geben sie den Augen Orientierung und Halt. Ob von außen oder vom Garten aus. Ähnlich wie beim Baum ist es auch hier kein Kinderspiel, die Entscheidung zu treffen. Wie hoch, wie breit wird die einzelne Pflanze?

Strauch- und Kletterrosen lassen sich prima in Hecken integrieren. Hier meine 'Fritz Nobis'.

Immergrüne wie diese Lebensbäume (Thuja occidentalis) sorgen für ganzjährigen Sichtschutz.

Reicht mein Platz noch, wenn die Hecke ausgewachsen ist?

Auch Heckenpflanzen gibt es wurzelnackt und somit günstiger als Topfware, doch sie brauchen beim Anwachsen besondere Beobachtung und Pflege. Mit Erdballen oder als Containerpflanzen, teurer, aber alle Beteiligten tun sich leichter. Vermehrt gegossen werden müssen auch diese ungefähr in den ersten zwei Jahren.

Meine Thuja-Hecke

Meine Idee war, meinem Garten vor dem Haus, Südseite mit brutaler, austrocknender Sonne, ein gemäßigtes Kleinklima zu bescheren. Gleichzeitig Blicke von außen draußen zu lassen. Im Kopf hatte ich blühende Beete vor dunkler Hecke. Deshalb habe ich mich für eine Thuja-Hecke (*Thuja occidentalis* 'Smaragd') entschieden. Eibe hätte mir ebenso gefallen, doch die wäre wesentlich teurer gewesen und langsamer wachsend. Damit das Dunkle nicht zu erdrückend wird, habe ich die Thujen hübsch in anmutig geschwungene Reihen gepflanzt. So sehen sie eher wie lustige, grüne, große Zipfelmützen aus.

- → Eigenschaften: Zuverlässig frosthart, anspruchslos, sehr gesund, windresistent und dazu noch schnittfest
- → Wuchs: Sehr schmal, gedrungen, gleichmäßig aufgebaute Kegelform mit senkrecht gestellten, sehr dichten Zweigen, langsam wachsend
- → Größe: 4–6 m hoch und 1–1,8 m breit
- → Jahreszuwachs in der Höhe 10 cm, in der Breite 4 cm
- → Blätter immergrün, ganzjährig glänzend frischgrün, schuppenförmig, dicht, dachziegelartig angeordnet

Ich fand alles passend, auch, dass bei Boden stand: sauer bis alkalisch, nahrhaft. Das ist mein Lehm. Gut, aber was es bedeutet, dass da stand: auf allen frischen bis feuchten (nassen) Böden, hatte ich nicht bis in mein Hirn dringen lassen. Großer Fehler! Ein Boden ist frisch, wenn meistens ein wenig Feuchtigkeit im Boden und auch zu fühlen ist. Mein Lehm ist meistens wie sehr trockener Beton!

Es wächst, wie ich mir das erträumt hatte. Aber mein Tribut daran ist, dass ich schon bald meiner »heiligen« Hecke einen Tropfschlauch zu Füßen legen musste, um ihr Überleben zu sichern. Anfangs stand ich stundenlang beim Wässern mit dem Schlauch, um das Anwachsen hinzubekommen. Strohmulch half dabei durchaus. Bekanntlich wird das Klima inzwischen jedes Jahr noch trockener. Weil ich die Hecke nicht nach sechs Jahren herausreißen und neu finanzieren will, beiße ich halt in den sauren Apfel und wässere, das ist weder für mein Portemonnaie noch für das Grundwasser zuträglich. Sie sieht wunderschön aus, wächst langsam, gibt Blick-, Sonnen- und Windschutz. Und säuft vom Tropf…

Nächstes Jahr werde ich sie das erste Mal schneiden, damit sie nicht zu viel Raum einnimmt, nicht zu sehr von innen verkahlt und noch mehr Wasser braucht.

Heckenarten

Für den Frieden mit der Nachbarschaft kann es ausschlaggebend sein, die Hecke gleich weit genug von der Grenze zu pflanzen. Da Mischhecken im Allgemeinen den Vorteil haben, schneller als meine Smaragd-Thuja-Hecke zu wachsen, festigt ein zweimaliger Schnitt im Jahr das gute Nachbarschaftsverhältnis und gleichzeitig den Astaufbau der Hecke. Eine Win-win-Situation also, natürlich bis auf die Arbeit und die Zeit fürs Schneiden!

Es gibt einige immergrüne Heckenpflanzen, dabei gilt es, Kosten, alle Eigenschaften und deinen eigenen Geschmack abzuwägen. Möglichst aufmerksamer als ich. Immergrüne, nicht blühende Hecken, wie die meine mit Thuja, tragen nicht zur Artenvielfalt bei. Das versuche ich bewusst in meinem Garten durch dafür geeignete Pflanzen und mein hübsches, wildes Wiesenstück auszugleichen.

Eine gemischte Landschaftshecke passt sich der umgebenden Natur perfekt an. Außerdem locken blühende Heckenpflanzen Schmetterlinge, Bienen und sonstige nützliche Insekten in den Garten, fördern die Artenvielfalt. Sie bieten mannigfaltige Nistmöglichkeiten und lassen sich nach eigenem Gusto zusammenstellen. Baumschulen beraten in Fachbetrieben und verraten dir auch mit Blick in die Zukunft, welche Gehölze, nachdem sie mal angewachsen sind, wenig Wasser brauchen. Auch hier gibt es viele geeignete Pflanzen, die auch im Winter Sichtschutz bieten.

Klug ist, wer vor der Pflanzung bei der Gemeinde nach dem vorgeschriebenen Pflanzabstand fragt.

Meine Strauchrose 'Fritz Nobis', eine alte Sorte, als Krüppel für wenig Geld gekauft, blüht wunderschön.

Rosenliebe

Ein Garten ohne Rosen ist möglich, aber nicht genussvoll, finde ich. Da es weltweit mehr als 30.000 Rosensorten in allen Formen, Farben und Wuchsformen gibt, eröffnet sich dir hier eine Märchenwelt. Und du findest die deine oder mehr. Es gibt z. B. Beetrosen und Zwergrosen, womit ich angefangen habe. Es gibt sie für Beete, Kübel und Töpfe, die in einer Bagger- oder Altgarten-Wüste schon mal trösten und später ausgepflanzt werden können. Eine genüssliche Übung. Auch bezaubernde Rosenbäumchen machen sich allerliebst.

Edelrosen, Strauchrosen, Bodendeckerrosen brauchen ein wenig mehr Willen und Kenntnis, sie am Blühen und Gedeihen zu halten. Wilder wird's mit Kletter- und Rambler-Rosen. Einmalblühend, öfterblühend? Rosen brauchen Schnitt, erst recht Kletterrosen. Die verlangen einen speziellen Schnitt, besonders, wenn sie einmalblühend sind. Sie brauchen allesamt eine Kletterhilfe mit Führung und Befestigung. Rambler-Rosen geraten sehr gerne aus dem Ruder, will heißen hoch in Bäume. Was zauberhaft sein kann oder aber nicht unbedingt muss.

Gut zu wissen ist, Rosen sind Schätzchen. Sie sind nicht an derselben Stelle in der Erde austauschbar. Spare dir den aufwendigen Erdaustausch, mache es ihr von Anfang an nett, das geht wieder mit den Basisinformationen: Standort, Boden, Eigenschaften der Rose, pflanze und pflege sie nach Anweisung und ihr werdet mit großer Freude zusammenwachsen!

Kletterpflanzen

Da gibt es wild wachsende und zähe, die z. B. im Erwachsenenalter brutal Regenrinnen umschlingen und klein quetschen können. Aber auch sanft rankende. Alle diese wollen zum Gedeihen an den passenden Ort.

Mein Wilder Wein (*Parthenocissus quinquefolia*) ist selbstkletternd und ich weiß, warum er das Prädikat »wild« im Namen hat. Er ist vom Charakter her ausufernd ungehemmt. Das ist prima, wenn du schnell etwas bewachsen lassen willst. Nach einer anfänglichen Befestigung in die richtige Kletterrichtung wird schnell klar: Die Pflege wird umfangreich. Voraussichtlich wird das »Pflänzchen« nach 1–2 Jahren exponentiell nach oben schießen und du kannst es nur durch ständiges Kontrollieren und Schneiden im Zaum halten. Besonders, wenn es eine Hausfassade bewächst und dem Dachanschluss zustrebt.

Eine intakte verputze Wand ist normalerweise davon nicht bedroht, beim immergrünen Efeu bietet der Blätterschutz Heim für viele Tiere und eine natürliche Isolierung rund ums Jahr. Efeu oder auch Kletterhortensien (*Hydrangea petiolaris*) sollten für immer an der Wand bleiben. Ihre Haftfüßchen lassen sich nicht mehr entfernen, höchstens im Verbund mit dem Putz. Kann teuer werden.

Schlingende Kandidaten

Die Schlinger können Brutalos sein. Der wunderschön blühende Blauregen (*Glyzine*) überschüttet dich mit Blüten, wenn er richtig geschnitten und erwachsen ist. Ist er überhaupt gut erzogen, also hat er seinen Platz an einem Gerüst inklusive dem richtigen Schnitt, wo er wüst schlingen darf, richtet er keinerlei Schaden an. Doch das will getan werden, sonst wird er brutal übergriffig. Es gibt unter den Kletterern aber auch zarte Sensibelchen mit zauberhafter Blüte, z. B. Clematis-Arten.

Schlinger brauchen alle eine Stütze zum Schlingen. Unter ihnen gibt es sehr sanfte, beispielsweise das duftende Gartengeißblatt. Obwohl es auch den Namen »Jelängerjelieber« hat, ist es relativ zahm.

Es gibt unter den Schlingern auch einjährig wachsende, die haben am Ende des Jahres ver-

Der sanfte Schlinger Clematis viticella 'Polish Spirit' hat intensiv purpurviolette Blüten.

Die einjährige Glockenrebe (Cobaea scandens) ist ideal als Sichtschutz, sogar in Töpfen und Kübeln.

spielt. So dürfen sie wuchern, kommen ja eh nicht so weit. Manche überstehen nur die Kälte bei uns nicht, wachsen aber eigentlich mehrjährig, die überwintere ich frostfrei im Schuppen. Jedes Jahr schaue ich einer anderen auf meiner Terrasse zu. Ich kaufe sie als kleine Pflänzchen und verfolge ihre Aufplusterung bis zur Blüte. Bevor andere meterhoch klettern konnten, boten sie mir schon guten Sichtschutz: z. B. die Glockenrebe (*Cobaea scandens*) mit ihren riesigen Blüten, die ihr den englischen Namen »Cups and Saucer« gegeben haben. Oder die Blaue Prunkwinde (*Ipomea nil*), die als Morning Glory bekannt ist, weil sie bis zum Mittag ihren eklatant blauen Auftritt hat.

Unerreicht spektakulär ist allerdings die Performance der Mondwinde (*Ipomea alba*), die in der Dämmerung stattfindet. Ist sie ausgewachsen, entfalten sich gegen Abend ihre riesigen, weißen Blüten in einer Geschwindigkeit, die mir jedes Mal wieder den Atem stocken lässt. Sie blühen bis zum Morgen. Spektakulär! Freundlicherweise kam dauernd Besuch, um das Unvorstellbare zu verfolgen. Zur Entspannung überließ ich dieses Jahr den harmlosen Schneckenbohnen (*Vigna caracalla*) den Job.

Die rankenden unter den Kletterpflanzen brauchen einen Faden oder ein Gitter und sind meist sanfteren Charakters. Dazu gehört auf jeden Fall die Waldrebe (*Clematis*). Die Echte Weinrebe (*Vitis vinifera*) ist fein, kann größer werden, braucht ein Gerüst und liebt Sonne und einen ordentlichen Schnitt.

Bunte Beete

Die Höhen in deinem Garten hast du bereits mit Bäumen, Sträuchern und Kletterern gestaltet! In deine Beete bringst du Farbe und Struktur, wenn du dazu Lust hast! Mit Stauden, Gräsern, Zwiebelblumen und ein- und zweijährigen Sommerblumen wird das werden!

Die Mehrjährigen – Stauden

Als Stauden bezeichnen Gärtner Pflanzen, die älter als zwei Jahre werden, mehrjährig sind, ausdauernd und krautig. Und unendlich in Vielfalt und im Angebot. Da findest du vielleicht nicht genau, wovon du geträumt hast. Aber da draußen warten sie auf dich, genau die, in deinem Garten gerne blühen und prachtvoll gedeihen wollen.

Im Garten von Freunden, in Stadtpflanzungen, in den Ferien, in Parks, beim Wandern in der Natur, auf Verkehrskreiseln, in fremden Gärten im Vorbeigehen, in Gartenmagazinen oder Gartenbüchern fasziniert mich immer wieder plötzlich eine Blüte, eine Blattform, eine Pflanze, ein Gras, eine Beetanlage. Ich tue dann den nächsten Schritt, finde raus, welche Pflanze das ist. Geht heute mit einem Foto und Klick mit Apps. Meistens. Wenn nicht, vergesse ich die Pflanze wieder. Meist jedoch lässt mich meine Neugier nicht ruhen, bis ich weiß, welche Pflanze das ist und ob ich in meinem Garten dafür den richtigen Platz habe.

Bei meinem neuen Garten und entsprechendem »Gartentunnelblick« hatte ich am Anfang eine umfangreiche Sammlung im Kopf. Diese reduzierte und sortierte sich, sobald ich die Bedürfnisse gegengecheckt hatte. So finde ich nach wie vor die passenden Pflanzen. Brauchen sie Sonne, Schatten, mögen sie meinen Boden oder nicht. Sind sie höher wachsend, mittelhoch, niedrig, bodendeckend. Je nach Wuchshöhe pflanze ich die Großen nach hinten und entsprechend die Kleineren oder Bodendecker nach vorne.

MEIN TIPP: Bodendecker
Bodendecker können sehr nützlich sein, weil sie zudecken, was nicht schön ist, bunte Teppiche zaubern und große Flächen überwuchern, die pflegeaufwendig wären. Hier Thymus praecox 'Minor'.

Die Basics

Hier ein guter Rat, den jeder Profi, jeder Garten-Erfahrene dem Anfänger gibt: Bepflanze Beete nicht zu dicht, du reißt wieder raus und Geld, Zeit und Arbeit ist verschwendet. Jeder Anfänger pflanzt zu dicht, ich sowieso, ich wollte ja sofort schöne Beete sehen! Also belästige ich dich mit diesem Rat gar nicht erst. Pflanze wie du es gut findest. Erkundige dich, wie groß die Pflanzen werden und wenn sie dann zu groß geworden sind, nimm sie heraus, bepflanze ein anderes Beet damit, bring sie zur Pflanzentauschbörse, schenke sie dem Nachbarn!

Und noch ein Tipp: Pflanzen kosten Geld, da geht kein Weg dran vorbei. Nach und nach zu pflanzen hilft da und hat mehrere Vorteile. Oft sind mehrere von einer Sorte im Pack günstiger. Probiere mit 1–2 Pflanzen aus, ob diese gedeihen. Dadurch bekommst du Erfahrung, was wächst und was nicht, sparst Geld für Pflanzen, die bei dir nicht wachsen. Die, die wachsen, kannst du dann im Pack bestellen. Willst du mehrere in ein Beet bringen, ist eine gute Methode, die Pflanzentöpfchen auf dem Beet zu verteilen, wo du sie haben möchtest, und sie dann Stück für Stück auszutopfen und in die Erde zu pflanzen.

Wald-Zwenke (Brachypodium sylvaticum) und Japangras (Hakonechloa macra) 'Aureola'.

Kostenlos kannst du Beete bestücken, indem du aufmerksam kleine Pflänzchen examinierst, die sich selbst irgendwo ausgesät haben. Oft haben Ameisen oder Vögel Samen im Garten verschleppt. Ich grabe sie aus und setze sie zwischen andere Pflanzen in die Beete, wo sie mir mit den anderen im Verein gut gefallen.

In meinem Garten versuche ich aufs Geratewohl herzallerliebste Pflanzen heimisch zu machen. So lasse ich Samen nach der Blüte ausreifen und lege die Samenkapseln dann in Ecken, in denen ich sie gerne hätte. Das mache ich mit Klatschmohn (*Papaver rhoeas*) und der zieht gerne und mit Bravour für einen Sommer ein.

Fertige Staudenbeete

Fehlen dir noch Ideen, welches Beet du gerne pflanzen möchtest, schau dich um nach pflanzfertigen Staudenmischungen. Das sind von Profis nach wissenschaftlichen Erkenntnissen und langjährigen Erprobungen zusammengestellte Pflanzenpakete, die es für viele verschiedene Boden- und Lichtverhältnisse gibt und die man so im Ganzen bestellen kann. Sie sind zwar etwas kostspieliger, als wenn du nach und nach die Pflanzen in deinen Garten holst und eigene Erfahrungen damit gewinnst. Geht halt erst mal schneller. Und funktioniert fast überall und sicher.

Hörst du das Gras wachsen?

Viele Gräsern, von mir im Garten angesiedelt, danke ich für ihre Genügsamkeit. Gleichzeitig machen sie Beetsituationen leicht und heiter, geben entsprechend ihrer Größe eine Aufteilung. Im Blick auf die trockener werdende Zukunft, ist es klug, sich unter Gräsern umzuschauen. Viele ertragen Trockenheit ziemlich klaglos. Ich habe im direkten Vergleich das Japangras (*Hakonechloa macra* und *H. macra* 'Aureola') und die Wald-Zwenke (*Brachypodium sylvaticum*), ein heimisches Waldgras. Beide wachsen direkt nebeneinander, sie sind sich sehr ähnlich, doch das heimische Waldgras braucht fast nie gegossen zu werden, das schicke Japangras möchte diesen Service schon!
Es gibt Giganten unter den Gräsern, die gleichzeitig Sichtschutz bieten, wie das heimische Sand-Reitgras (*Calamagrostis epigejos*). Es wird bis zu 1,50 m hoch und gibt obendrein noch Insekten Nahrung.

Immer gut: Kräuter

Zuweilen sind es Wildkräuter, wie die Wilde Möhre (*Daucus carota* subsp. *carota*), die mit ihren weißen, schwebenden Doldenblüten Anmut ins Beet bringt. Oder ich entdecke Sämlinge sogar im Rasen, die hole ich vorsichtig raus und pflanze sie in Töpfe. Haben sie ausreichend Wurzeln gebildet, kommen sie an eine Stelle im Beet, wo sie mir gefehlt haben.

Kräuter sind überall brauchbar, im Beet und in der Küche. Gutes Beispiel: Thymian. Den gibt es als winzigen Bodendecker (*Thymus serpyllum*) und größer, in vielen anderen Sorten und Arten für verschiedene Plätze. Rosmarin kann zwischen Blumenstauden mit seinen hellblauen Blüten leuchten und gibt eine nadelige Struktur. Zitronenmelisse und Pfefferminze wuchern gerne, ich halte sie möglichst durch Rückschnitt im Zaum.

Ansprüche stellen?

Um die verschiedenen Ansprüche der Kräuter zu erfüllen und sie alle auf einem Platz zu haben, kannst du sie in einer Kräuterspirale unterbringen. Dafür gibt es viele Anleitungen, sie ist gut selbst zu bauen. Am besten baue sie in Küchennähe an, wenn die Sonneneinstrahlung und insgesamt der Standort passt. In meinem Garten habe ich die Kräuter an einen Abhang meines Senkgartens gepflanzt, weil sie dort die richtigen Bedingungen bekommen.

Von Zwiebeln und Knollen

Die Tüpfel auf dem I, das sind Pflanzen, die aus Zwiebeln mit kleinen Wurzeln ihre Wachstumskraft holen. Wie bei der Küchenzwiebel versorgen ihre Schichten den Pflanzentrieb, den sie schützend umhüllen. Das ist bei Zierlauch, Schneeglöckchen, Tulpen, Osterglocken, Lilien und vielen anderen Zwiebelblühern so.

Ähnlich ist es bei Pflanzen mit Knollen und Rhizomen, z. B. Maiglöckchen, Pfingstrosen oder Schwertlilien.

Wie alle anderen haben sie Wünsche an den Boden, den Standort und sie werden unterschiedlich groß. Für die meisten ist die beste Pflanzzeit September und Oktober. Die meisten Knollenpflanzen sind nicht frostfest, z. B. Dahlien. Ich setze sie von Anfang an in Töpfe

Ursprüngliche Tulpen wie die Wild-Tulpe (Tulipa praestans 'Fusilier') sind dauer- und zauberhaft.

Kapuzinerkressemischung (Tropaeolum) aus dem Samentütchen in Blumenkübel gesät.

und stelle die dann im Herbst in den Keller. Sind sie im Beet, sollten sie im Herbst ausgegraben und trocken und kühl gelagert werden. Mit Namenschildchen versehen, brauchen sie im Frühling neue Topferde oder kommen im Beet in ein mit etwas neuer, torffreier Blumenerde ausgepolstertes Bett.

Einjährige und zweijährige Schönheiten

Bunte Schleier werfen Sommerblumen übers Beet. Das sind die Einjährigen und Zweijährigen, die nur eine Saison blühen. Günstig ist, sie aus Samentütchen zu ziehen und nach den Eisheiligen ins Beet zu setzen. Macht Freude und etwas Arbeit. Deshalb schütte ich zuweilen den Inhalt einfach ins Beet, kratze ihn ein und warte, was draus wird. Oft erstaunlich Gutes!

Häufig bekommt man im Frühjahr auch fertige Pflänzchen, die aus Gewächshäusern kommen und frostempfindlich sind. Es ist ratsam, diese erst nach den fünf kalten eisheiligen Tagen, oft noch mit Frostnächten, vom 11. bis 15. Mai, der »Kalten Sophie«, auszupflanzen.

Die Einjährigen verpulvern ihren ganzen Charme in einem Sommer und sterben dann bei Frost ab. Tolles Beispiel: Sonnenblumen und die Kapuzinerkresse, die sich freundlicherweise gleich für die nächste Saison selbst aussät. Manche säen sich dann allerdings so gerne und mit Vehemenz aus, dass ich sie teilweise »rode«, weil sie ihren Nachbarn zahlreich auf die Naht rücken und dabei ersticken. Solch eine überwältigende Persönlichkeit ist die ach so zarte Jungfer-im-Grünen (*Nigella damascena*).

Zweijährige bilden im ersten Jahr Blätter, halten einen Winter durch und laufen erst im zweiten Jahr zur entsprechenden Größe mit Blüten auf. Auch hier praktisch und kostenlos: Sie säen sich gerne selber aus. Magst du das nicht, schneide die Blüten ab, bevor sie Samen gebildet haben. Verblühtes abzuschneiden sorgt auch immer dafür, dass die Pflanze ihre Kraft nicht in die Samenbildung steckt, sondern in weitere Blüten. Imposantes Beispiel: meine Kleinblütigen Königskerzen (*Verbascum thapsus*), Hummels Liebling.

Obst und Gemüse

Klar ist: Obst und Gemüse direkt aus dem eigenen Garten ist nicht mit gekauftem zu vergleichen. Manche davon können sogar Bodendecker und Obstlieferant gleichzeitig sein, Erdbeeren beispielsweise. Für Kinder ist es ein großer Spaß, Johannisbeeren, Walderdbeeren, die wuchernde Bodendecker bilden, oder Tomaten vom Strauch zu naschen oder für die Eltern, selbst zu ernten. Für kleine Gärten gibt es Spalier-Bäumchen, in großen Gärten sind beispielsweise Apfel- Quitten-, Kirsch-, Zwetschgen-Bäume imposante Persönlichkeiten, die Platz brauchen und geerntet werden wollen.

Gemüse will gesät oder gepflanzt und geerntet werden. Und so manches Gemüse kann hervorragend Blumenbeete schmücken, beispielsweise buntstieliger Mangold oder Lerchenzungen, eine besonders attraktive Grünkohlart. In dafür vorgesehenen Beeten machen sich Kohlrabi, alle Sorten Salat, Rote Beete nützlich. Miteinander, untereinander gepflanzt, bringt Nutzen und Schönheit zusammen, sorgt dabei für doppelte Gartenerholung. Solange das Gemüse nicht zu sehr unter die Rosendornen kriecht. Wer nur ein Beet sein Eigen nennt, für den ist die Kombi Gemüse und Blumen perfekt.

Essbarer Bodendecker: die Walderdbeere.

Tomatenernte von unterschiedlichen Sorten.

10

Töpfe & Kübel

Das ist das Schöne an Pflanzen, sie geben sich oft auch mit wenig Platz zufrieden, sprich mit Töpfen, Kübeln, Wannen. Was so vorhanden ist. Gerade am Anfang kann man so gleich eine bunte Vielfalt schaffen, bevor der Boden vorbereitet und die Beete angelegt sind. Ohne Bodenlöcher im Gefäß geht aber nichts. Ansonsten: Wie immer die Bedürfnisse der Pflanzen beachten, also Licht, Wasser, Temperatur. Fertig ist der erste Topfgarten.

Lilien, Glockenblumen und Kräuter gedeihen auch in Töpfen gut.

EIN BISSCHEN GARTEN

Wie kurios und zweckentfremdet auch immer, solange sich Gefäße dazu eignen, Blumen darin zu ziehen, schenken sie dir ein bisschen Garten.

Egal welche Form ein Behältnis hat, solange Löcher hineingebohrt werden können, damit Wasser abfließen kann, taugt es dazu, Pflanzen darin wachsen zu lassen. Zinkwannen vom Flohmarkt benutze ich, um dort eine Mischung aus grobem Schotter, Blumenerde und Lehm einzufüllen und mit Pflanzen zu bestücken, die auf keinen Fall Wurzelnässe vertragen und sich meinem Lehmboden binnen Kurzem verweigern würden.

Auch als ich noch etwa alle zwei bis fünf Jahre berufsbedingt umzog, hatte ich natürlich »Grüne Lieblinge«, die von Fensterbrett zu Hinterhof, auf den Balkon oder was auch immer für

eine Abstellfläche an der Luft und Sonne da war, umgezogen werden mussten.
Es ist einfach so: Selbst eine neue Baggerwüste oder ein alter »Urwald« fängt mit einem umgezogenen oder neu aufgestellten Kübel schon mal vorsichtig an zu blühen, dir Freude zu machen, ohne viel zu kosten. Der Trick dabei: Tunnelblick auf den Kübel üben!

Mobilität

Der Topf oder Kübel als solcher ist beweglich, eine seiner wichtigsten praktischen Eigenschaften. Das wussten schon die alten Römer und Araber. Der Topfkultur wird in Italien, in Frankreichs Süden und – richtig üppig–, in Andalusien leidenschaftlich gefrönt. Oft sieht man vor umwerfend blühenden Töpfen, die auch die Wand hinaufwachsen, den Garten nicht.

Okay, in diesen Gefilden bleiben die Töpfe meist dauerhaft an der Luft. Bei uns bewohnen manche unserer Lieblinge Töpfe oder Kübel, weil sie Winter und Frost nicht vertragen, wir aber trotzdem unseren Garten damit schmücken wollen. So müssen sie für den Winter in passende Räume geschleppt und geschützt werden. Im Zuge des Erwachsen und damit größer Werdens der Pflanzen sind manche Kübel dann aber plötzlich weniger beweglich. Eher machen sie den Eindruck, als ob sie während unseres Sommers heimlich am Boden festgeschraubt wurden.

Winterharte im Topf

Schmuck und in grauen Tagen tröstlich, sind winterharte, immergrüne Pflanzen im Kübel, beispielsweise Azaleen oder Christrosen. Außerdem prima, dass man die Kübel nicht frostfrei unterbringen muss. Dafür habe ich irgendwann einmal tief in die Tasche gegriffen und garantiert frostfeste Keramik- und Betonkübel gekauft. Eine Investition fürs Leben und wieder mal ein Rechenexempel. Klar geht auch Kunststoff, oft aber nicht dem Auge schmeichelnd und manchmal doch nicht frostfest.

Pflanzen, die in meinem Lehmboden nicht gedeihen, kultiviere ich in großen Wannen und Steingartenerde.

Basilikum kann man nie genug haben. Tomaten zugestellt erspart er denen Blattläuse.

Da im Topf die Wurzeln oder Blumenzwiebeln der kalten Witterung schutzlos ausgeliefert sind und dadurch wesentlich kälter werden als in der Erde, ist es sinnvoll, die Töpfe im Winter einzupacken. Ich nehme dafür Luftpolsterfolie und darüber wickele ich dünnes Winterschutzvlies, befestigt mit Schnur und Wäscheklammern. Aber Vorsicht: Die Folie nicht über die Pflanzen ziehen, das kann zu Schimmel führen. Normalerweise klappt das einwandfrei, solange daran gedacht wird, diese Töpfe auch während des Winters zu gießen. Gefährlich sind lange Dauerfröste. Da können sogar vollkommen winterfeste Pflanzen vertrocknen, weil der durchgefrorene Wurzelballen verhindert, dass die Pflanzen ausreichend Wasser aufnehmen können.

Die Pflege

Neue Blüten- und Blätterpracht im Topf ist verführerisch. Einfach hingestellt und großer Auftritt: Schon ist geschmückt und lässt das Herz höher schlagen. Ganz hervorragend, aber Achtung! Töpfe und Kübel brauchen mehr von allem: Wasser, Dünger, Aufmerksamkeit, Pflege und eventuell einen Winterparkplatz.

Jeder der Topfbewohner hat andere Wünsche, die du dir am besten zu Herzen nimmst, bevor du dich für einen charmanten Schönling im Topf entscheidest. Haha, gut, wenn ich das selbst mal beherzigen würde, doch besteht ein Vorteil bei der Topfhaltung darin, dass ich nicht graben und im Beet gewachsene Wurzeln dabei zerstören muss.

Sind die Topfpflanzen mit Wurzel und oberem Teil zu groß für ihr Behältnis geworden, ist Umtopfen angesagt. Die »alte« Erde bekommen Beetpflanzen an die Füße; Rosen lieben beispielsweise ehemalige Tomatenerde.

Kräuter im Topf

Mein allererster »Garten« durfte in der Küche wachsen. Mit Samentütchen ist das ein wenig aufwendig, doch günstig und mit Spaß für die Kiddys, ob des schnell sichtbaren Erfolges!

Weil's nett aussieht und außerdem noch Keimlinge und Erde konstant feucht hält, hab ich mir ein Mini-Gewächshaus angeschafft. Genauso feucht hält aber auch eine übergestülpte Plastiktüte.

Oft mache ich es mir aber ganz einfach: Ich kaufe einen gut durchgewurzelten Kräutertopf, z. B. Bio-Basilikum, und pflanze ihn sobald wie möglich mit fertiger Blumenerde und etwas Langzeitdünger in einen größeren Topf um. Wenn es nicht mehr frostet, fange ich an, ihn an einem wolkigen Tag langsam draußen an sein sonniges Plätzchen zu gewöhnen. Er wird den ganzen Sommer über wachsen, gedeihen, mich mit frischen, großen Blättern versorgen, nur darf ich nicht vergessen, ihn genug zu gießen. Zur Gesellschaft stelle ich ihn ganz nah zu den Tomatentöpfen, von diesen soll er Läuse oder sonstiges krabbelndes und saugendes Ungemach fernhalten. Es scheint tatsächlich zu funktionieren, ich habe noch nichts dieser Art an meinen Tomaten angetroffen. Der Herbst rafft ihn dann leider mit Frost dahin.

Nicht-Winterharte im Topf

So ähnlich wie mit Basilikum klappte es mit einem kleinen Chili-Gewächs. Es sprang mir auf dem Wochenmarkt mit seinem Rot-Grün-Flimmerkontrast ins Auge und war so ansehnlich gewachsen. Es handelte sich um eine besonders scharfe Sorte: Chili 'Habanero' (*Capsicum*). Und ich konnte nicht verhindern, dass ich die Pflanze kaufte und nach Hause schleppte.

Großer Erfolg! Seit drei Jahren liefert die Chili mir eine atemberaubend scharfe Ernte. Mit Handschuhen und Maske fürs Trocknen klappen Ernte und Verarbeitung. Gemahlen lässt er sich perfekt sparsam dosieren und gibt Gerichten zwar eine heiße, aber geschmackvolle Schärfe. Deshalb passe ich gut auf ihn auf. Bevor überhaupt jemand an Raureif oder Bodenfrost denkt, hole ich ihn nach drinnen. Am sonnigen Wohnzimmerfenster überwintert er prima, fast wie zuhause im tropischen Yucatán.

Dahlien im Topf

Eine coole Idee, die ich übernommen habe, ist, Dahlien nicht in Beete, sondern in Töpfe zu pflanzen. Die liebe ich ob ihrer barocken Blüten und Erscheinung. Aber ich habe keine Lust, im Herbst mit klammen Fingern ihre Knollen aus der Beeterde zu pulen, geschweige denn, sie vom Kater übersehenen Wühlmäusen zum Fraß zu überlassen.

Dahlien im Topf sind im Herbst schnell frostfrei untergebracht.

Eingetopft, ergeben Erdbeer-Kindel mit »Nabelschnur« perfekte Neupflanzen.

Gleich anfangs habe ich sie in Töpfe gepflanzt und im Herbst in den frostfreien Keller bugsiert. Mit Namensschildchen versehen, ruhen und trocknen sie vor sich hin. Im Frühling gehen wir gemeinsam zurück auf Los: Ich befreie die Knollen von der alten, verbrauchten Erde im Topf, versorge sie mit neuer, dazu etwas Langzeitdünger und sie sprießen, wachsen, blühen. In ihren Töpfen verteile ich sie ins sommerliche Beet, an Stellen, an denen gerade Leere ist oder wo sie sonst eine gute Figur machen. Geht auch mit anderen Sommerblühern, z. B. Geranien.

Tipps für Töpfe

Erdbeeren naschen auf dem Weg zum Gartentor ist gesund und macht munter! Also versehe ich einen Kübel mit Erdbeerpflanzen. Gleich macht es die Runde, Freunde wollen Ableger, denn es handelt sich um eine alte, äußerst aromatische Sorte. Wie sie heißt, weiß ich leider nicht, ich habe sie von meiner Mutter geerbt. Sie ist so robust, dass ich bis auf's Gießen keinerlei Pflegeaufwand, jedoch jährlich eine gute Ernte habe. Gerne topfe ich die Ableger ein, macht kaum Mühe, und verschenke sie.
Übrigens: Du solltest unbedingt den alte Gärtner-Aberglaube beherzigen: »Bekommst du einen Pflanzenableger oder eine Gartenpflanze geschenkt, bedanke dich bloß nicht! Sie wächst nach dem Bedanken nicht an.«

Mit exorbitantem Wachstum ist so mancher Grünling gesegnet. Er holt nicht nur gut sichtbar oberirdisch immer weiter aus, nein, im geheimen Untergrund schiebt er unsichtbar Ausläufer um sich herum und plötzlich ist das Pfefferminzpflänzchen zum Pfefferminzteppich mutiert. Wehret den Anfängen, pflanzt sie gleich in Kübel! Beliebtestes Beispiel: Der zauberhafte, Rhizome bildende Goldhaar-Bambus 'Henonis' (*Phyllostachys nigra*). Er ist ein wunderbarer Sichtschutz, wächst schnell, hat ganz viele gute Eigenschaften, aber bildet so vitale Ausläufer, dass selbst hohe Rhizhomsperren (um seine Wurzeln eingegrabene Wurzelbegrenzungen) ihn oft nicht mehr eindämmen können. Im Kübel muss er bleiben, wo er ist, braucht aber viel Nahrung und muss deshalb öfters geteilt und in neue Erde umgetopft werden. Klar, wer heftig wächst braucht viel Nahrung. Einem vierblättrigen Klee, dem ich nicht traute, gab ich eine Schale. Meine Nana-Minze mit ihren lustig gebogten Blaträckchen fühlt sich im Topf sehr wohl.

Topf-Tomaten

Egal, was ich tue, sie sät sich aus, aus ihrem Topf, in andere Töpfe und rundherum: die Galapagos-Tomate von den Inseln, eine kleine, gelbe Wildtomate. Das kommt mir natürlich entgegen, dagegen tue ich nix! Höchstens wenn sie zu wild wird und überall auftaucht, entferne ich sie mit Bedauern, sie ist sehr lecker.

Dafür erwarten die anderen Tomatensorten richtiges Kümmern. Deshalb kaufe ich sie bereits als Pflänzchen, behalte sie im Warmen bis nach den Eisheiligen Mitte Mai. Die Versuchung, sie schon früher rauszusetzen, ist oft groß. Also topfe ich die Tomatenkinder in ihren noch schützenden, endgültigen Topf in torffreie Tomatenerde, das macht es mir einfach und so kommen sie an ihren überdachten Sonnenplatz für den ersten Wachstumsschub.

Als Teenies zupfe ich ihnen die unteren Blätter ab, gebe etwas Langzeitdünger auf die Erde, zusätzlich weitere Erde. Ausgewachsen nehme ich wiederum die unteren Blätter weg, gebe ein wenig Langzeitdünger und weitere Tomatenerde in den Topf. So viel, dass noch ein bequemer Gießrand bleibt. Zusätzlich knipse ich obere Blütenstände ab (ich entspitze), damit die Pflanzen all ihre Kraft in die Fruchtproduktion stecken können.

Eine Tomatenspezialistin verriet mir, die Schätzchen lieben es, täglich zur gleichen Uhrzeit, und zwar morgens, gegossen zu werden. Auf keinen Fall über die Blätter. Nun, ich tue was ich kann, meine Tomaten werden supergut! Obwohl sie teilweise exotisch sind, wie die Sorte 'Königin der Nacht'.

MEIN TIPP: Selbstaussaat

Billigster Trick ever: In zwei Töpfen entdeckte ich eines Tages blühende Hornveilchen. Das heißt, irgendwann hatte ich da mal was schön Blühendes hineingepflanzt, es verschwand, aber ich sah, dass stattdessen ein paar winzige Pflänzchen erschienen. Neugierig ließ ich die Minis einfach weiterwachsen, siehe da, es erwuchsen lauter Hornveilchen, von Insekten begehrt! Die sich wieder aussäten. Die beiden Töpfe sind zu einer immerwährenden kostenlosen Hornveilchen-Maschine geworden!

Töpfe sind mobil und können da platziert werden, wo sie am besten wirken.

TOPF-THEATER

Mit bunten Sommerblühern lasse ich Freude aufkommen. Und sie sind im Topf so schön transportabel.

Alles wird so schön bunt hier, wenn ich jedes Jahr auf der Terrasse den großen, gut sichtbaren Kübel mit einem einjährigen Vertreter von Rankpflanzen bestücke. Entweder mit einem vorgezogenen Pflänzchen oder mit einigen Samen, auf jeden Fall aber nach der »Kalten Sophi«. Eine azurblaue Prunkwinde (*Ipomea nil*), eine Glockenrebe (*Cobaea scandens*), die aufregende Mondwinde (*Ipomoea alba*) sind auf jeden Fall dabei.

Wie ein kleiner Schleierzauber weht überall das Spanische Gänseblümchen (*Erigeron karvinskianus*). Im Topf wirft es kokett seine unzähligen weißen und rosa Blütchen umeinander.

Irgendwann wanderte es überall in meinem Garten umher. Winterhart ist es theoretisch, mir scheint es sich aber eher aus dem Topf immer wieder auszusäen. Herzlich willkommen!

Low Budget – Günstig einkaufen

Günstig sind Pflanzen deshalb oft, weil sie bereits zu lange im Topf waren und ihre Wurzeln schon im Kreis oder bereits unten aus dem Topf wachsen. Das geht dann nicht mehr lange, denn für die gewachsene Pflanze reichen die Nährstoffe nicht aus. Wenn sie schnell in richtige Hände kommt und gleich umgetopft wird, freuen sich der »Grünling« und ich. Das kann ich beim Pflanzen begutachten im Laden herausbekommen. Ich hole sie meist heimlich kurz aus ihrem Topf und schaue mir die Wurzelsituation an.

Im Spätsommer schaffen Gartenmärkte in ihren Lagern Platz und setzen die Preise umfangreich runter. Das kann eine günstige Gelegenheit fürs Ergattern von Kandidaten sein, die du schon lange in deinem Garten haben wolltest. Mit Glück erwische ich eine winterharte Pflanze, die mir im Winter meinen Wechseltopf ausschmückt und die ich im Frühjahr ins Beet integrieren kann.

Besondere Pflanzenbühnen

Besonders gerne mag ich einen »Hallo-Wach-Effekt«, wenn ich aus der Haustür gehe oder nach Hause komme. Mit wechselnden Bepflanzungen in Kübeln, die immer am Hauseingang stehen, kriege ich das gut hin. Dabei wende ich eine Mischkalkulation an. In den Kübeln florieren Kandidaten, die über Winter drinbleiben und im nächsten Jahr wiederkommen, wenn ich nicht vergesse, sie auch an frostfreien Tagen zu wässern. Nach Lust und Laune pflanze ich um die Perennierenden (Mehrjährigen) herum Zwiebelpflanzen für den Frühling. Abgeblühtes hole ich später heraus und versenke die Zwiebeln in Beeten. An deren Stelle setze ich z. B.

Einjährige Kletterpflanzen, wie diese Blaue Prunkwinde, entwickeln sich rasant.

Mehrjährige Stauden und Zwiebelpflanzen, wie Lilien, lassen sich in bestens in gut dränierten Töpfen kultivieren.

Geranien. Zuweilen hat sich im Vorjahr »Jemand« ausgesät, beispielsweise die Kapuzinerkresse. Die lasse ich dann wuchern und blühen.

Gut geeignet für diese Bepflanzungen sind winterharte Kübelpflanzen, z. B. Funkien (*Hosta*), Purpurglöckchen (*Heuchera*) in allen Farben oder Gräser, z. B. mein bevorzugtes Feines Federgras (*Stipa tenuissima*).

Sitzplatz mit Bühne

Entspanne ich auf meiner Terrasse, ruhen alle Blicke auf der dunkelgrünen Thujahecke. Sie ist der Mittelpunkt des Gartenbildes vom gemütlichen Sitzplatz aus. Gute Gelegenheit, genau dort mit drei Kübeln ein wenig Blumentheater zu veranstalten. Ebenso nach dem Prinzip der »Wechselbühne«. Die drei großen, winterharten, dunklen Blumentöpfe verschwinden optisch fast. Groß- und kleinblütige Pflanzen darin, manche schwebend, oft mit unterschiedlicher Blattstruktur, und Gräser leuchten. Für betriebsames Schwirren, Brummen und Summen sorgen viele unterschiedliche Insekten. Ich achte darauf, dass die Blüten nicht gefüllt und für unterschiedliche Arten von Interesse sind. Jedes Jahr wechsele bzw. ergänze ich auch hier wieder, die Winterharten verbleiben, Sommerblüten kommen dazu. (Foto S. 136)

Dreidimensionales »Wannen-Beet«

Am Anfang war die platte Bagger- und dann die ebenso langweilige, flächige Mulchwüste. Sie bestand aus hartem Lehm, vom Mulch noch nicht viel verbessert. Mir stand der Sinn nach Höherem, Aufteilung und einer Erdmischung, die Wasser durchlässt. Ich hatte drei unterschiedlich große, nette Zinkwannen und eine flache große Blechschüssel vom Flohmarkt und die Idee, mit diesen neben dem Sitzplatz, der die letzten Abendsonnenstrahlen fängt, Struktur und irgendein buntes Grün hinzuzaubern. Ging leicht: Die Wannen durchbohrte ich mehrfach mit einem dicken Metallbohrer (12 mm), um den Abzug des Wasser sicherzustellen. Platzierte die Wannen nach meinem Gusto und befüllte sie mit einer Mischung aus Schotter und Splitt, fertiger, torffreier Blumenerde und Lehmerde vom Grundstück. Sie haben sich als so praktisch und schön bewährt, dass sie dort bleiben.

Auch hier ist mein Wechselbühnen-Theater. nützlich. In diese Wannen kommen immer wieder Pflanzen, Pflänzchen, die ich in meinem Garten als Minis finde und umpflanze. Dazu gesellt sich, was sich selbst sät, mir einmal eine Freundin aus ihrem Garten schenkt oder mir sonst dazu passend in die Hände fällt. Inzwischen habe ich unterschiedliche Lilienzwiebeln eingebuddelt, sie sorgen für adelnden Langzeit-Eclat!

No-Waste-Töpfe

Bloß nix wegwerfen, was sich weiterhin nützlich macht. Tontöpfe sind zwar zerbrechlich, atmen aber und kühlen von der Sonne beschienene Wurzeln. Ich mag ihren Keramikfarbton, besonders, wenn er bereits im Gebrauch war und davon Spuren trägt. Ja, Geschmacksache. Aus südlichen Ländern habe ich übernommen, schwächelnde Tontöpfe, sprich mit Rissen, kurz vorm Kollaps, einfach mit Draht wieder zu stabilisieren. So halten sie weitere Jahre in meinem Garten durch und ersparen mir Neuanschaffungen.

Einer meiner größten, teuersten, liebsten und elegantesten Keramikkübel hatte das Pech von unten her vom Frost zerfressen zu werden. Trennen wollte ich mich nicht von ihm, der obere Teil war verschont worden. Glücklicher- und freundlicherweise schmiss sich mein unerschrockener Nachbar Markus an die Flex und machte so einen neuen, kürzeren Übertopf daraus. Mit einem Untergestell versehen, verhüllt er nun immer noch mit Eleganz einen profanen Kunststofftopf.

Geht gar nix mehr, klopfe ich die Töpfe klein und verwende mehrere gebogene Scherben entweder dazu, die Bodenlöcher von Erde frei und durchlässig zu halten, oder größere Scherben, gemischt mit alten Dachziegeln, kommen auf den Schutzstapel, in dem Eidechsen, Haselmäuse und sonstige Verwandte sommers wie winters Unterschlupf finden.

MEIN TIPP: Langlebiger Tischschmuck

Mein Vergnügen am Garten vervielfacht sich beim Schwätzen und Schmausen mit Gästen um den Terrassentisch. Damit wir uns dabei alle gut sehen können, habe ich gerne eine niedrige Blumendekoration und sogar eine fast immerwährende Lösung gefunden. Eine flache Schale, mit Löchern und Hauswurzen (Sempervivum) bepflanzt, hält inzwischen seit Jahren die Stellung. Einfach schlicht und schön!

11

Praxis

Gießen, Düngen und mehr – da liegt so einiges an im Garten. Mit meinen Ideen und meinem entsprechenden Dickkopf mache ich mich oft auf meiner kleinen Flur alleine an die Umsetzung. Anders wird das ja nix! Oft hilft mir das weiter und es entwickelt sich Hilfreiches und/oder Praktisches. Nur selten kommt Murks dabei heraus, den ich möglichst unter den Rasenteppich kehre.

Bei Trockenheit sollte das Wasser in Etappen gegeben werden, damit es versickert.

GIESSEN & DÜNGEN

Gießen und Düngen und gut ist? Nicht ganz. Zu viel ist genauso schlecht wie zu wenig.

Die meisten Pflanzen bestehen zu etwa 90 % aus Wasser. Der Boden ist die Reserve für die Wurzeln. Blätter, je nach Speicherfähigkeit, sind schnell am Ende und lassen sich hängen. Wenn es so weit gekommen ist, hilft Wasserzufuhr durch Gießen und, scheint keine Sonne, Besprühen der Blätter. Den Wurzelballen in einen Eimer mit Wasser zu tauchen, bis keine Luftbläschen mehr aufsteigen, ist auch eine gute Wiederbelebung. Auf Ex trinken, schaffen die Durstigen nicht, angesagt sind mehrmalige üppige Wassergaben in kurzen Abständen.

Die Zeigefinger-Methode

Um zu wissen, ob meine Grünlinge Durst haben, teste ich mit dem Zeigefinger die Feuchtigkeitsstufe ihrer Erde. In Töpfen und in Beeten. Habe ich Zweifel »verlängere« ich ihn im Garten, öffne mit der kleinen Grabegabel die Erde etwas und stopfe ihn dann in die Öffnung, manchmal bis zu 20 cm tief. Mit etwas Erfahrung weiß ich, ob und wie viel ich gießen muss. Das gibt zwar einen schwarzen Nagelrand, der jedoch schnell wieder beseitigt ist. Die Zeigefinger-Methode ziehe ich allen anderen vor. Dabei schaue ich mir die Pflanzen genau an: Lassen sie die Blätter hängen, gibt es neue Triebe, spitzt vielleicht irgendwo eine neue Knospe raus, kleben die Blätter, hocken irgendwo Läuse, Nacktschneckchen oder sonst jemand, mit dem sie sich nicht vertragen? Darum kann ich mich dann kümmern. Je nach Feuchtigkeitsgrad und sonstigen Zustand passe ich die Menge des Gießwassers an. Dabei berücksichtige ich auch die Jahreszeit und sonstige Umstände.

Sommer

Sonne, anhaltende Hitze, Wind: Töpfe oder Beete sind ausgetrocknet, die Pflanzen lassen die Köpfe hängen. Mein Tipp: Mit der Gießbrause den Boden in Abständen durchdringend immer wieder in reduzierter Menge wässern, bis er gesättigt ist. Pflanzen schaffen es nicht auf einmal große Mengen Wasser zu verarbeiten. Stehen die Gewächse in der Sonne, vermeide es, die Blätter zu befeuchten! Im Schatten oder morgens, bevor die Sonne drauf zündelt, werden die Pflanzen sich schneller erholen, wenn du die Blätter sanft überbraust. Haben die Blätter abends noch die Chance abzutrocknen, werden sie es lieben, mitgegossen zu werden. Bleiben sie nass, kann das Pilz- und Schneckenbefall fördern.

Winter

Kälte, aber kein Frost: Auch jetzt benötigen Pflanzen Wasser um durchzukommen. Lass Topfpflanzen, die im frostfreien Raum über-

Mulch schützt vor Kälte, Austrocknung und Wildkrautbewuchs, erzeugt Humus, erhält den Boden locker.

Krampen aus Baustahl dienen dazu, den Schlauch im Garten zu lenken.

wintern, nicht austrocknen. Sie wollen regelmäßig gegossen werden, feucht und nicht nass sein. Fußbad schädigt alle, die nicht Wasser- oder Sumpfpflanzen heißen. Pflanzen im Garten, solche wie beispielsweise meine Säufer-Thujahecke, muss ich auch im Winter zuweilen durchdringend gießen, wenn es kaum Schnee oder Regen gibt. Das geht aber nur, wenn der Boden längere Zeit frostfrei ist.

Staunässe vermeiden

Alle meine Topfpflanzen stehen auf kleinen, gleichhohen Klötzchen aus Abfallstücken in ihren Untersetzern. Das erlaubt, sie durchdringend zu gießen. Das Abflussloch im Topf ist frei, übriges Wasser kann abfließen, bleibt im Untersetzer und ein Fußbad wird vermieden. Das übrige im Untersetzer stehende Wasser versorgt die Raumluft zusätzlich zu den Pflanzen mit etwas Feuchtigkeit. Dieselben Klötzchen verwende ich im Sommer, damit auch dort das Abzugsloch freisteht. Im Handel gibt es aus Keramik größere, hübsche Keramikfüße, die aber nicht billig sind.

Segen und Fluch der Technik

Um das unerlässliche Nass den Grünlingen zielgenau an die Wurzeln zu bringen, benutze ich hauptsächlich den Gartenschlauch. Obwohl er nervt. Er ist starr, verheddert sich, ist unwillig. Um einen möglichst optimalen »work-flow« hinzukriegen, suche ich solange eine Wegabfolge, bis ich die minimalste Verhedderung gefunden habe. Das klappt dann ohne zu wildes Fluchen einigermaßen; diese Route nehme ich nun täglich. An strategisch günstigen Stellen klopfe ich ein kurzes, im Schraubstock gebogenes Stück Baustahlstange in den Boden. Dort hänge ich den Schlauch ein, damit er nicht in die Beete schlendert und mit seiner Schwere Blümchen köpft. Um ihn zu schonen, nicht darüber zu stolpern oder drauf zu stehen, rolle ich ihn nach Gebrauch auf einen Schlauchwagen.

Es gibt flexible Gartenschläuche, die sich mit Wasser gefüllt auf die mehrfache Länge ausdehnen. Ist der Wasserdruck abgestellt, ziehen sie sich von selbst auf kleinste Länge zusammen. Der erste, den ich ausprobierte, flog mir mitsamt breiter Wasserfontaine um die Ohren, die Kupplung hielt dem hohen Druck nicht stand. Nachdem ich mein Geld zurückbekommen hatte, kehrte ich zum normalen Gartenschlauch zurück und blieb trocken.

An dem Schlauchende, das das Wasser ausspuckt, ist ein Brausekopf praktisch. Schont den Daumen, der die Wassermenge durch Druck und Verändern der Auslassgröße kostenlos variieren kann. Hat er mehrere Funktionen, z.B. Brausen, Nebel versprühen, sanfter, scharfer Strahl, kannst du ihn zum Gießen, Einschlemmen, Gummistefel, Gartenmöbel, Hunde und sonstiges Abspritzen einsetzen, das lohnt sich. Mir reicht der sanfte Strahl zum Einschlämmen. Der Brausestrahl zum normalen Wässern und der scharfe Strahl, um Vogelbäder aus-, Gartenmöbel und Ähnliches abzuspritzen. Das leistet der sonst bewährte Brausekopf der Gießkanne nicht.

Als sehr sinnvollen Luxus empfinde ich einen Gießstab inklusive Multifunktionsbrause. Den gibt es in verschiedenen Ausführungen, mehr oder weniger teuer. Er erlaubt in eleganter Haltung das Nass gezielt an die Wurzeln zu bringen, und das auch im hinteren Beet oder in entfernte Töpfe. Schützt davor »Rücken« zu bekommen!

Die gute, alte Gießkanne lässt sich durch nichts ersetzen. Sie dient als schnell verfügbare Reserve. Blitzartig ist sie ins Regenfass getaucht und gefüllt zum Einsatzort getragen. Mit Tülle beregnet sie sanft, ohne schlemmt sie in Handarbeit ein.

Ohne Nährstoffe geht's nicht

Dürfen Gewächse ohne Zutun in ihrer natürlichen Umgebung wachsen, erhalten sie alles, was sie dazu brauchen aus dem dort vorhandenen Boden. An dem Ort, der Erde, dem Baum oder wo auch immer sie sich angesiedelt haben, finden sie (meist) alle nötigen Nährstoffe. Nachdem die Pflanzen gewachsen und gefruchtet haben und irgendwann wieder vergangen sind, geben sie mit ihrer Verrottung alle Inhaltsstoffe wieder in diesen Kreislauf zurück.

Die Sache ist natürlich komplexer, aber das ist das Grundprinzip. Mit diesem Wissen kannst du nachvollziehen, warum wir im Garten Nährstoffe und Wasser nachfüttern, um den Kreislauf in Schwung zu halten. Wir greifen auf dieser Fläche mit unseren Gartenwünschen und Anpflanzungen in den ursprünglichen Ablauf ein und bringen ihn damit aus dem Gleichgewicht. Also ist es richtig, durch bestimmte Maßnahmen den Kreis wieder so rund wie möglich zu kriegen.

Was du brauchst: Schwarzes Gold

Das Wundermittel heißt Kompost, von Gärtnern auch »Schwarzes Gold des Gartens« genannt. Und er heißt mit Fug und Recht so, weil er kostenlos ein großen Spektrum an organi-

MEIN TIPP: Töpfe kontrollieren
Die meisten Pflanzen, die den Winter nicht überstehen, sind vertrocknet. Oft ist der Frost Schuld, denn ein durchgefrorener Wurzelballen kann kein Wasser aufnehmen. Mitunter wird das Gießen aber auch vergessen. Vor allem Pflanzen in Töpfen sind gefährdet. Also: Töpfe im Winter im Blick behalten!

Ein schattiger Platz unter Bäumen ist für den Kompost ideal.

schem Material liefert und in der Top-Liste für Nachhaltigkeit ganz oben steht. No-waste vom Feinsten. Durch seine Beschaffenheit macht Kompost den Boden humoser, die Pflanzen können dann Nährstoffe und Wasser optimal nutzen, außerdem ist der Boden besser durchlüftet. Und: Kompost beeinflusst den pH-Wert positiv.

Selber bauen

Um Kompost selbst herzustellen, brauchst du einen Behälter. Den kannst du dir selber bauen: aus Bauholzresten, Dachlatten, Paletten, Ziegelsteinen, Metall. Zu kaufen gibt es Bausätze aus Holz, Kisten aus Kunststoff, Schnellkomposter, Wurmkisten. Kompostieren ist ein eigenes umfangreiches Thema, das ich für mich vereinfacht habe. Beim Aufstellen meines fertigen Bausatzes aus dem Gartenmarkt habe ich drei Dinge beachtet:

- → An einer Seite muss es eine Stelle geben, wo ich das entstandene »schwarze Gold« herauskratzen kann. Denn ich setze den gesamt Komposthaufen nicht um.
- → Mein Komposter steht so, dass ich Obst- und Gemüsereste schnell entsorgen kann, nämlich durch mein Küchenfenster.
- → So wie es sein soll, steht der Komposter im Baumschatten. Er braucht in trockenen Zeiten deshalb aber immer wieder mal einen Wasserguss zum Arbeiten.

So funktioniert's

Nach dem Aufbau der Holzeinfassung lege ich auf den nackten Boden eine dicke Schicht aus grobem Gehölzschnitt. Rottet der Inhalt gemütlich vor sich hin, stochere ich zuweilen mit der Grabegabel ein wenig darin herum, um Luft hineinzulassen. Sobald unter dem untersten Holz krümeliges Schwarz herausbröselt, schnappe ich mir die kostbare Erde und trage sie sparsam auf Beete auf. Die entstehende Ausbeute ist nicht riesig, aber verwendbar. Damit bin ich sehr zufrieden. Der Aufwand ist gering und nutzt einen großen Teil meiner organischen Abfälle, die dem Kreislauf angehören.

Ich befülle meinen Komposter mit einer Mischung aus rohen Obst- und Gemüseabfällen, Heu, Kaffeesatz, recycelbaren Teebeuteln, Laub, Stroh, Grünschnitt, Rasenschnitt und zwischendurch mal für die Belüftung, zerkleinertem Gehölzschnitt. Um weder Marder, noch meinen Kater oder Füchse anzulocken, fülle ich keine Knochen oder Eierschalen keine verarbeiteten oder gekochten Essensreste ein. Diese Reste könnten in einen Kompostbehälter der rundherum geschlossen ist. Außerdem keine Zitrusfrüchte, und natürlich weder Glas, Kunststoff oder Metall.

Dünger für den Garten

Einen Universaldünger außer Kompost gibt's nicht, leider, auch wenn es auf manchen Packungen so geschrieben steht. Unsere Pflanzen brauchen je nach Eigenart mal diesen oder jenen Nährstoff in unterschiedlicher Menge.

Die drei Hauptnährelemente sind Stickstoff (N), Phosphor (P) und Kalium (K). Sie sind z. B. auch als »Ausgangsstoffe« unter den Beschreibungen auf Tüten fertiger Blumenerde zu finden. Das bedeutet, dass diese Erden eine Grunddüngung bekommen haben. Wie lange die jeweils vorhält, steht dabei. Nur zum Spaß vergleiche manchmal Werte von Tomaten-, Kübelpflanzen- oder stinknormaler Blumenerde. Auf den Verpackungen findest du anschaulich die unterschiedlichen Werte der Nährstoffe, die zum besseren Anwachsen addiert wurden. Überhaupt geben diese Beschreibungen ganz viele Infos. Ich lese sie mir gerne immer wieder mal durch, so brauche ich das nicht alles auswendig zu wissen. Du findest den pH-Wert, kannst den von Rhododendron- mal mit dem von Zitruserde vergleichen. Oft wird mir sogar erklärt, wie ich pflanzen soll. Gute Staudengärtnereien liefern mit den online bestellten Pflanzen auch detaillierte Schritte mit Skizzen.

Kann ja nix schaden, kostet nix, denke ich mir und lese nochmal nach!

Nach ein bis zwei Jahren sind die organischen Abfälle so weit verrottet, dass sie unten aus dem Kompost entnommen werden können. So muss, zumindest bei kleineren Mengen, nicht der ganze Komposter geöffnet und umgesetzt werden.

Regen- und Kompostwürmer sorgen dafür, dass die organische Substanz abgebaut wird.

Phacelia, eine Gründüngungspflanze, auch Bienenfreund genannt, bezaubert auch im Beet.

Pflanzen als Gründünger

Als Starter in der umfangreicheren Baggerwüste taugen Mulch oder Gründüngungspflanzen. Diese sogenannten Gründüngungspflanzen sind gute Helfer im Garten. Sie werden flächig ausgesät, um den Boden zu verbessern. Empfehlenswert sind beispielsweise verschiedene Kleesorten, außerdem Senf, Lupinen, Luzerne, Dinkel und mein liebster Gründüngerfreund, der Bienenfreund (*Phacelia*). Den liebe ich, weil er hübsch blaublütig ist, damit prima in sprießende Beete passt und Insekten füttert. Seine Wurzeln lockern den Boden, ich kann ihn nach dem Abblühen leicht abrupfen. Als Mulch zwischen die Umstehenden gelegt, gibt er beim Verrotten die aufgenommenen Nährstoffe wieder an sie ab. Auch die Wurzeln vom Gelbsenf (*Sinapis alba*) dringen tief in den Boden ein und lockern ihn. Weitere nützliche Effekte von Gründüngungspflanzen: Der Boden wird beschattet, vor Erosion geschützt und die Pflanzen lockern feste Bodenstrukturen auf. Leguminosen, z. B. Klee, versorgen den Boden außerdem mit Stickstoff, wenn sie an Ort und Stelle bleiben, dort verrotten und am besten eingearbeitet werden.

Düngen zur rechten Zeit

Nährstoffe zufüttern ist sinnvoll, wenn die Pflanzen ihn aufnehmen und verarbeiten können. Begeben sie sich in die Winterruhe, können sie damit nichts anfangen. Wachen sie im Frühjahr auf, ist ein guter Zeitpunkt Dünger zu verteilen. Im frühen Sommer, z. B. nach der ersten Blüte und im frühen Herbst zur Stärkung verteilt, kann genauso geeignet sein.

Die eigenen Wünsche unserer grünen Individuen sollten wir auch beim Düngen beachten. Die Bodenbeschaffenheit spielt ebenso eine Rolle, z. B. mögen viele Pflanzen auf Sandboden eine Düngung vor, auf Lehm nach dem Austrieb.

Mein Spezialdünger

Dünge ich, nutze ich hauptsächlich ein Wachstumsgranulat (siehe Foto rechts) aus gekeimten Getreidesamen, das wunderbar malzig und ein wenig nach Hühnerfutter riecht. Es ist leicht auszubringen und eine gute Investition, weil es

MEIN TIPP: Keine Kunstdünger
Bestimmt hast du schon mal von Blaukorn gehört. Das ist ein sogenannter mineralischer Volldünger, der vor allem Stickstoff, Phosphor und Kalium enthält. Deshalb heißt er NPK-Dünger. Oftmals wird im Garten zu viel gedüngt, und bei mineralischen Düngern kommt es schnell zu einer Auswaschung der Nährstoffe aus dem Boden, was die Gewässer belastet. In den natürlichen Kreislauf können Blaukorn & Co. nicht einfließen und deshalb kommt mir das Zeug nicht in meinen Garten. Je mehr Gärtner sich dem verweigern, desto besser!

effektiv und dabei sparsam im Verbrauch ist. Ich verteile es auf der Erde, möglichst vor Regen, der es dann in den Boden einwaschen kann. Zuweilen hacke ich es vorsichtig etwas ein. Meistens bin ich aber zu bequem dazu. Lieber verwende ich die gesparte Zeit und sitze mit einem Getränk meiner Wahl im Gärtchen herum. Unter Mulch brauche ich es sowieso nicht einzuarbeiten. Den ziehe ich auseinander, verteile Granulat und decke wieder ab.

Kommen neue Pflanzen ins Beet, füttere ich das Pflanzloch mit etwas Blumenerde, mische löffelweise Wachstumsgranulat dazu und schließe das Loch nach dem Pflanzen und Auffüllen mit Erde. So haben es die Wurzeln leichter, anzuwachsen und der neue Grünling hat für den Anfang Nahrung.

Beim Umtopfen gebe ich der neuen Erde nach Anleitung eine entsprechende Menge Langzeitdünger mit. Im Topf wird er verbraucht und kaum zurückgegeben. Bemerke ich z. B. gelbe Blätter oder Kümmerwuchs, dünge ich damit nach, wenn die Gewächse noch in der Wachstumsphase sind. Den Langzeitdünger erwerbe ich auf Vorrat, sobald er irgendwo im Angebot zu finden ist.

Mein Spezialdünger aus gekeimten Getreidekörnern lässt sich leicht ausbringen.

Service & Adressen

TORFFREIE PFLANZERDE

Erhältlich im Gartenfachhandel, im Gartencenter oder im Baumarkt. Empfehlenswert sind u. a. folgende Produkte:

- Compo, Bio Hochbeeterde, torffrei
- Floragard, Bio Tomaten und Gemüseerde ohne Torf
- Neudorff, Neudohum Tomaten- und Gemüseerde
- Ökohum Bio-Universalerde ohne Torf
- Hochbeeterde FloraSelf Nature

PFLANZEN

Stauden

Bund deutscher Staudengärtner
www.bund-deutscher-staudengaertner.de
(BdS) Ein Verbund von Staudengärtnern, der Empfehlungen für Staudenbeete gibt. Einen Mitgliedsbetrieb in deiner Nähe findest du unter: „Mitglieder" unter Angabe deiner Postleitzahl. Zusätzlich versendet der BdS Broschüren und Flyer zum Thema Stauden.

www.gaissmayer.de
Meine erste Lieblings-Staudengärtnerei, weil es für meine Gartenanfänge wenig vergleichbar hochwertige Staudengärtnereien gab. Das ist sie mit ihrem Online-Shop für mich geblieben. Gele gen im Illertal ist die Gärtnerei zum Eintauchen in die Staudenwelt auch eine Reise wert. Im zur Gärtnerei gehörenden „Museum der Gartenkultur" gibt's für die begeisterten Sinne ein Café!

www.baumschule-horstmann.de
Die Gärtnerei hat sich auf Online-Versand spezialisiert, den sie sehr professionell bearbeitet. Neuestes Angebot: mit einem 3-D-tool kannst du digital deine ausgesuchte Pflanze an der vorgesehenen Stelle in deinem Garten anschauen!

www.gräfin-von-zeppelin.de
In dieser Gärtnerei kannst du fertig gestaltete Staudenbeete kaufen. Es gibt sie für verschiedene Standorte und sie kommen mit einer Broschüre, die dir beschreibt, wie du pflanzt und pflegst. Sehr hilfreich für den Anfang. Aber, das liegt in Natur der Sache, sprich, dem Entwicklungsaufwand, nicht billig.

Weitere empfehlenswerte Betriebe
www.anja-maubach.de
www.die-staudengaertnerei.de
www.foerster-stauden.de
www.giessler-paeonien.de
www.juttas-staudengarten.de
www.naturgarten-oase.de
www.paeonies.com
www.perenna.de
www.perennemix.de
www.pfingstrosen.com
www.poeppel-stauden.de
www.sarastro-stauden.com
www.schachtschneider-stauden.de
www.stauden-eskuche.de
www.stauden-frank.de
www.stauden-junge.de
www.stauden-kirschenlohr.de
www.stauden-muehring.de
www.stauden-stade.de
www.stauden-wichmann.de
staudengaertnerei-eidmann.de
www.staudengaertnerei-extragruen.de

Zwiebelblumen

www.der-blumenzwiebel-versand.de
von Familie Schober. Nach Beratung von Herrn Schober bezauberten mich im Sommergarten seine Lilien so, wie ich es mir erträumt hatte! Aber natürlich hat er noch viel mehr Zwiebelpflanzen im Versand.

Baumschulen
Bund deutscher Baumschulen
www.gruen-ist-leben.de
www.bruns.de
www.huben.de
www.lappen.de
www.lorberg.com
www.lve.de
www.spaethsche-baumschulen.de

Obstbäume & Beerensträucher
www.garten-schlueter.de
www.haeberli-beeren.ch
www.lubera.com
www.obstbaeume.de

Rosen
ADR-Rosen
www.adr-rose.de
www.georgesdelbard.com
www.kordes-rosen.com
www.lacon-rosen.de
www.landhaus-ettenbuehl.de
www.noack-rosen.de
www.rosen-tantau.com
www.rosenhof-schultheis.de
www.rosenpark-draeger.de

Kräuter
www.bio-kraeuter.de
www.gaertnerei-strickler.de
www.herb-s.de
www.kraeuter-simon.com
www.syringa-pflanzen.de
www.valeriana-kraeuter.de

Saatgut
www.bingenheimersaatgut.de
www.bio-saatgut.de
www.dreschflegel-saatgut.de
www.garten-schlueter.de
www.hof-berggarten.de
www.jelitto.com
www.natura-samen.de
www.naturgarten.org
www.neudorff-wildgaertner.de
www.pictorialmeadows.co.uk
www.rieger-hofmann.de
www.saat-24.de
www.saatgut-manufaktur.de
www.saatgut-vielfalt.de
www.saatkontor.de
www.samen-frese.de
www.samen-gernand.de
www.samenhaus.de
www.wildbienenhilfe.de
www.wildblumenmatte.de

BERATUNG

www.gartenbauvereine.de
www.kleingarten-bund.de
www.gartenakademien.de

VEREINE, in denen ich Mitglied bin

Verband Wohneigentum e.V.
Ein Verbraucherschutzverband für selbstnutzende Wohneigentümer*innen
www.verband-wohneigentum.de
Die Mitgliedschaft beinhaltet u.a. eine Versicherung, eine Möglichkeit der Gartenberatung (www.gartenberatung.de) und das Magazin „Familienheim und Garten", in dem ich fast immer knackig auf den Punkt gebrachte Themen beschrieben finde, die grade in der Luftliegen und mich interessieren.

Gesellschaft der Staudenfreunde e.V.
www.gds-staudenfreunde.de
Hier bin ich unter Gleichinteressierten gut aufgehoben. Die einzelnen Regionalgruppen bieten Vorträge, Ausstellungen, Besuche von Gärten und Veröffentlichungen über mehrjährigen Pflanzen. Besonderes Highlight: Es gibt einen Samentausch von Stauden oder Gehölzen zwischen den Mitgliedern, aufgeführt in einem Katalog. Außerdem das Magazin „Der Staudengarten", worauf ich mich immer wieder freue.

NÜTZLINGE

www.amw-nuetzlinge.de
shop.e-nema.de
www.katzbiotech.de
www.neudorff.de
www.nuetzlinge.de

Zum Weiterlesen

Mit meinem Buch »Mini-Budget – Maxi-Garten« gebe ich dir einen roten Faden, um in deinem Garten entspannt den gärtnerischen Anfang zu finden, ohne dafür ein Vermögen hinzublättern. Es könnte passieren, auch du fängst »Gartenfeuer«. Irgendwann wollte ich dann mehr wissen und lesen. Hier findest du deshalb Bücher, die mir geholfen und gefallen haben, die ich immer wieder konsultiere oder genieße. Es ist auch Philosophisches und ein Sommerkochbuch für Familienfeste und Picknicks im Garten dabei.

Mulch. Gärtnern ohne Arbeit. Wie man das ganze Jahr über problemlos mulcht von Ruth Stout
Mit Glück gibt's das Buch noch antiquarisch. Ruth Stout machte mir von Anfang an Mut, weil sie selbstbewusst ihren Stiefel gegärtnert hat. Durch Aufmerksamkeit und weil keiner Zeit hatte, für sie umzugraben, fand sie die Mulchtechnik für sich heraus. Damit experimentierte sie immer weiter erfolgreich. In diesem Buch dokumentiert sie ihre Erfahrungen, die ich in vielen Bereichen übernommen habe.

Rat für jeden Gartentag. Ein praktisches Handbuch für den Gartenfreund von Franz Böhmig, Eugen Ulmer
Praktischer und detaillierter geht's nicht! Von Januar bis Dezember sagt dir der Autor, womit du dich beschäftigen kannst. Ich hole mir auf diesen Seiten Rat, wenn wieder mal was nicht so wurde, wie ich dachte. Er weiß alles zu allgemeinen gärtnerischen Fragen, dem Gemüsegarten, dem Obstgarten, dem Ziergarten und auch noch dem Zimmergarten!

Pflanzen für den weißen Garten von Helga Urban, Eugen Ulmer
Schöne Idee. Ein weißer Garten kann, muss aber nicht, finde ich. Das Buch schon eher, denn die Autorin kommt aus der Praxis und gibt ihr Wissen wunderbar mit genauen Beschreibungen weiter. Viele dieser zauberhaften Weißlinge haben farbige Geschwister mit gleichen Ansprüchen. Mir gefällt die Auswahl, sie hilft mir, die Übersicht zu behalten.

Sortimentskatalog der Baumschule Bruns
Grüne Profis und Pflanzenfreunde machen sich hier schlau. Zu jeder Pflanze gibt es Informationen zu Verbreitung, Wuchsverhalten, Größe, besonderen Eigenschaften und Verwendungsempfehlungen. Sehr hilfreich finde ich die unglaublich detaillierten Beschreibungen und Preisangaben bei mehr als 4.000 Arten und Sorten, die als Entscheidungshilfen dienen.

Rosen pflegen. Schritt für Schritt zum Rosenparadies von Silke Kluth, Gräfe & Unzer
Dieses Buch ist für mich die Lösung aller Rosen-Unsicherheiten! Das Porträt der Autorin öffnete mir dann die Augen: Silke Kluth, meine beinahe allwissende Pflanzenfreundin und Gartenjournalistin, mit der ich lange arbeitete und die ich nach wie vor frage, wenn ich irgendwas nicht raus finde. Kein Wunder, dass das Buch so hilfreich ist!

Gärtnern mit dem Hochbeet. So einfach geht's von Folko Kullmann, Gräfe & Unzer
Eigentlich war ich mir sicher, dass ich kein Hochbeet brauche. Aber dieses Buch macht mich wankend. Es ist so gut beschrieben, wie man es alleine hinkriegt eines zu bauen. Außerdem ist nicht zu überlesen: Die ganzen Vorteile, die so ein Hochbeet hat! Auf jeden Fall höre ich nicht auf, darüber nachzudenken; vielleicht gehe ich es doch an!

Dünger. Kraft für Boden und Pflanzen von Tina Råmann, Ewa-Marie Rundquist und Justine Lagache, Kosmos
Tiefgehende, detaillierte Informationen zum komplexen Thema. Wunderschön gestaltet, sodass ich mich immer wieder mit dem spannenden Sujet befasse.

Design für pflegeleichte Gärten von Tanja Minardo, Becker Jost Volk Verlag
Deutlich wird hier, dass das Budget größer sein könnte. Doch auch dieses Buch liebe ich und Tanja Minardo auch. Dafür, dass sie klar, übersichtlich und praktikabel in ihren Beschreibungen ist. Noch dazu sind ihre hier gezeigten Entwürfe und Ideen wirklich zauberhaft und inspirieren mich für meine kleine Scholle!

Das große Buch der Gärtnerinnen & Gärtner von Anja Birne und Marion Nickig, Callwey
Macht Lust, den eigenen Gartenhorizont von Gärtnerei zu Gärtnerei reisend zu erweitern oder besondere Gärtnerinnen, Gärtner und Gärtnereien auf dem Weg zu entdecken. Im Anhang sind deshalb viele Adressen für Netzwerke von Gesellschaften, Vereinen, Initiativen, Organisationen, Garten-Schulen, Akademien, Bildungsstätten, Bibliotheken, Galerien und Museen aufgeführt.

Annabelles Sommerkochbuch. Entspannte Ferien mit Familie und Freunden von Annabelle Knaur, Eigenverlag
Annabelle nimmt dich mit nach draußen. Allein das Buch anzuschauen erholt. Gleichzeitig findest du leckere, einfache Rezepte, mit denen dein Garten zur Feierhochform aufläuft. Schnelle Ideen passen zum Feierabenddrink auf der Terrasse.

Un Art des Jardins en Provence (französisch), **Gardens: Modern Design in Provence** (englisch) von Nicole de Vésian , Actes Sud
Auch Nicole de Vésian verehre ich. Die Künstlerin war lange Jahre Mode-Desinerin in Paris. Sie bündelt den Charakter der provençalischen Landschaft in ihren Gartenbildern. Alleine diese Bilder zu betrachten, tut mir wohl und gibt mir neue Ideen.

Ferien vom Ach von Karl Foerster, Eugen Ulmer
Dieses Buch ist für die kleine schattige, blühende, versteckte Gartenpause wie geschaffen. Der Gärtner, Staudenzüchter, Gartenschriftsteller und Gartenphilosoph entführt mit der Lektüre in entspannende Gefilde. Welche auch immer, sie sind romantisch und bodenständig gleichzeitig. Gutes Geschenk für Gartenfreunde. Meine Neugier trieb mich irgendwann endlich direkt nach Potsdam in den Foersterschen Garten, der unter Denkmalschutz steht und zu besichtigen ist. Aus der angeschlossenen Staudengärtnerei kam ich natürlich nicht ungeschoren, sondern mit drei gut gefüllten Stiegen Stauden wieder heraus.

Wildlife Gardening. Die Kunst, im eigenen Garten die Welt zu retten von Dave Goulson, Ullstein
Der Autor erklärt ohne Zeigefinger und mit wunderbarem Humor im Detail, warum ich und andere im eigenen kleinen Garten dies tun und das lassen sollten. Seine gut nachvollziehbar aufgeführten Zusammenhänge haben Hand und Fuß und zeigen mir: Ich kann was Sinnvolles tun, damit es weiter und im besten Fall wieder lauter summt, brummt und gesünder gedeiht.

Register

DANKSAGUNG

Ohne Folko Kullmann wäre das Buch vielleicht gar nix geworden: Großen Dank dafür, dass er sofort verstanden hat, worum es mir geht und, dass dieser Titel gärtnerischen Lesern im neuen Garten wirklich Starthilfe geben kann. Außerdem für seine Flexibilität, meine vielen Fotos und Text dann doch unterzubringen und überhaupt! Ebenso großen Dank an Christine Weidenweber! Wenn sie mich nicht befeuert und gesagt hätte, jetzt schreib halt erst mal los, dein Schreibstil ist gut, hätte ich mich im vorgegebenen Layout und meinem Stil völlig verheddert! Ebenso Dank fürs fachlich gebildete Lektorat, das gibt mir als Quereinsteiger-Gärtnerin Sicherheit, dass ich unseren Leserinnen und Lesern nix Falsches erzähle!
Danke an den Gräfe & Unzer Verlag und dort im Besonderen an Broder Cordsen, Petra Wichlinski, Maike Promm und Luise Lapczyna. Ich genieße es sehr, wie freundlich, nett und gleichzeitig professionell unsere Gespräche sind! All das zusammen macht das Buch noch einmal besser!

Großes Dankeschön an Tilman Ponfick, der sich geduldig mit meinen Texten auseinandergesetzt hat. Dass er hinterfragt, kritisiert und noch eigene Kenntnisse und Ideen addiert hat. Manchmal sogar gelobt! Danke an meine lieben Nachbarn, Jess, Markus, Samuel und Noah Barth. Die klaglos hingenommen haben, dass ich sie für ihren neuen Garten mit meinen Ideen malträtiert, sie für Fotos herumgescheucht habe und sie trotzdem immer noch tolle Nachbarn sind! Danke an meinen Nachbarn Maximilian Voit, der schon als kleiner Bub mir buddeln geholfen hat und seinen Papa Robert, der, wie auch die Barths, mir immer hilft, wenn ich alleine nicht weiterkomme! Danke an Andrea Musiol, Diplom-Biologin, die einen günstigen Garten auf Sandboden gebaut hat. Mit der ich immer wieder Garten-Erfahrungen gegen-checken kann und die ebenso in meinem Garten mit anpackt, wenn's nottut. Danke an Christiane Neubauer, immer wieder lerne ich von ihr im Elsässischen Alm-Garten, unbedingt auch Laissez-faire! Danke an Markus Brehm, den preisgekrönten besten Maurer Deutschlands, dass ich ihn bei der Arbeit dauernd fotografieren durfte. Danke an Klaus Heimstätt, dass er aus alten Backsteinen einen Super Backofen mit Grill gebaut hat und ich diesen ablichten durfte. Danke an Familie Leffer, dass ihre geniale Treppenanlage ins Buch kommen durfte. Ein super Beispiel, wie man einen Hang gut abfangen und bestens nutzbar in den Garten integrieren kann. Danke an German Schlaug, dass er mir geholfen hat, den „Straßengraben" zu erwerben. Herzlichen Dank auch an Familie Schoder, die mir zuerst Dachziegel für meine Wegbegrenzungen geschenkt hat und nun auch noch ganze Wagenladungen Naturstein, damit Material für das nächste Gartenprojekt vor der Tür liegt: endlich wieder mal ein Trockenmäuerchen! Ein Spezial-Dank geht an meinen Kater Barley-Sugar, der extrem effektiv den Garten vor den Wühlmäusen rettet.

Über die Autorin

Angela Francisca Endress ist studierte Fotodesignerin, handwerkliche Fotografenmeisterin, Stylistin, Foodstylistin, Produktionerin und Autorin.

Über 70 Bücher fotografierte und schrieb sie. Dafür gab es viele Auszeichnungen, darunter mehrere Silbermedaillen der Gastronomischen Akademie Deutschlands e.V. (GAD). Ihr Büchermachen verquickt sich mit ihrer Arbeit für Tourismus, Gastronomie, Direktvermarkter, die Porzellan-Industrie sowie Garten- und Lifestyle-Magazine.

Die gebürtige Hessin hat nach Stationen in Hessen, London, Paris, Barcelona, Köln und München das Genießerland Franken als Heimat gewählt, nachdem sie durch ihren Beruf viel in der Welt unterwegs war. Lässt das Fotografieren dafür Zeit, verschwindet sie zuweilen wandernd oder Motorrad fahrend in der Natur.

Nach Umzügen mit vielen Töpfen begann sie ihr großes Gartendebüt in einem aufgegebener Bauerngarten mit Streuobstwiese und einem Dreiseit-Hof. Das Bauernhaus in Hessen sanierte sie, baute Scheune und Schuppen zum Fotostudio aus und verband alles mit einem Küchenglashaus. Sowohl das hessische Bauerngarten-Gestrüpp, genau wie die Baggerwüste um ihr neu gebautes Haus in Franken, verwandelte sie mit gärtnerischer Leidenschaft in kleine Paradiese.

Kein Wunder, sie hat Garten-, Buch- und Foto-Gene: Ein Urgroßvater war Kunstgärtner in Oldenburg, der andere Besitzer einer großen Buchdruckerei in Leipzig. Dort fotografierte bereits ihre Großmutter, sogar mit eigenem Schwarz-Weiß-Labor.

Mehr als zehn Jahre dokumentierte die Autorin das Werden ihres neuesten Gartens. Mit ihren gebündelten Erfahrungen gibt sie Garteneinsteigern einen roten Faden an die Hand. Trotz kleinem Budget will sie diese anstiften, genüsslich und entspannt ihr Stück Land am Haus zum Naherholungsgebiet umzuzaubern.

Die Autorin ist Bloggerin,
www.heimatruhe.de und auf Instagram
@heimatruhe.de vertreten.

GARTENLUST PUR.

ISBN 978-3-8338-9418-3

ISBN 978-3-8338-8963-9

ISBN 978-3-8338-9417-6

ISBN 978-3-8338-8030-8

ISBN 978-3-8338-8760-4

ISBN 978-3-8338-9251-6

e Alle hier vorgestellten Bücher sind auch als eBook erhältlich.

GU

Mehr von GU auf **gu.de** | **gu.verlag** | **gu.verlag**

LIEBE LESERINNEN UND LESER,

wir wollen Ihnen mit diesem Buch Informationen und Anregungen geben, um Ihnen das Leben zu erleichtern oder Sie zu inspirieren, Neues auszuprobieren. Wir achten bei der Erstellung unserer Bücher auf Aktualität und stellen höchste Ansprüche an Inhalt und Gestaltung. Alle Anleitungen und Rezepte werden von unseren Autoren, jeweils Experten auf ihren Gebieten, gewissenhaft erstellt und von unseren Redakteur*innen mit größter Sorgfalt ausgewählt und geprüft.

Haben wir Ihre Erwartungen erfüllt? Sind Sie mit diesem Buch und seinen Inhalten zufrieden? Wir freuen uns auf Ihre Rückmeldung. Und wir freuen uns, wenn Sie diesen Titel weiterempfehlen, in Ihrem Freundeskreis oder bei Ihrem Online-Kauf.

Sollten wir Ihre Erwartungen so gar nicht erfüllt haben, tauschen wir Ihnen Ihr Buch jederzeit gegen ein gleichwertiges zum gleichen oder ähnlichen Thema um.

KONTAKT ZUM LESERSERVICE

GRÄFE UND UNZER VERLAG
Grillparzerstraße 12
81675 München
www.gu.de

Impressum

GU ist eine eingetragene Marke der GRÄFE UND UNZER VERLAG GmbH, www.gu.de

ISBN 978-3-8338-9198-4
1. Auflage 2024

Projektleitung: Dr. Folko Kullmann
Lektorat: Christine Weidenweber
Bildredaktion: Dr. Folko Kullmann, Natascha Klebl (Cover)
Korrektorat: Denise Bentz
Umschlaggestaltung & Layout: ki36 Editorial Design, München, Bettina Stickel (Umschlag) und Stephanie Reindl (Layout)
Herstellung: Renate Hutt
Satz: Christopher Hammond
Repro: Medienprinzen GmbH, München
Druck und Bindung: Dimograf, Polen

Umwelthinweis
Dieses Buch ist auf PEFC-zertifiziertem Papier gedruckt. Somit werden ökologische, soziale und ökonomische
Aspekte in der Verarbeitungskette unabhängig überwacht und sind zudem lückenlos nachvollziehbar.

Bildnachweis
Cover: Angela Francisca Endress
Foto: Alle Bilder von Angela Francisca Endress mit Ausnahme von 41-1 (Folko Kullmann)
Syndication:
www. imageprofessionals.com

Wichtiger Hinweis
Die Gedanken, Methoden und Tipps in diesem Buch basieren auf den Erfahrungen der Verfasser. Sie wurden von ihnen nach bestem Wissen erstellt und mit größtmöglicher Sorgfalt geprüft. Weder die Autoren noch der Verlag können jedoch für eventuelle Nachteile oder Schäden, die aus den im Buch gegebenen praktischen Hinweisen resultieren, eine Haftung übernehmen.

Ein Unternehmen der GANSKE VERLAGSGRUPPE